_ SPANNUNGSFELDER
IM FUSSBALL

ALTERNATIVE WEGE IN DER AUSBILDUNG

Herausgeber	**Dominik Voglsinger**
Autoren	**Dominik Voglsinger**
	Rolf Landerl
	Walter Franta
	Harald Weber

Impressum

1. Auflage 2019
Copyright © 2019 Dominik Voglsinger
Amateur Football Support, 1220 Wien, Schiffmühlenstr. 99/5/3
info@amateurfootballsupport.com

Lektorat: Harald Weber
Satz, Layout & Covergestaltung: Eva Denk . outlinegrafik.at
Bildnachweis
    Coverbild, Fotos S. 6, 19–43 © Dominik Voglsinger
    S. 104–106, 124– 132 © Walter Franta
    Illustration „Fußballer" S. 112 © by Sveta Che, fotolia.com
    Illustrationen der torwartspezifischen Übungsformen
      S. 129, 133–135 erstellt auf www.sports-graphics.com
    Portraitfotos S. 148: Dir. Liebl © Manuela Holzer-Horny,
      Florian Retter © Florian Retter, alle anderen © GMR-Foto GmbH

ISBN 978-1711563466

Disclaimer

Die Inhalte dieses Buches wurden mit größter Sorgfalt erstellt. Für die Richtigkeit, Vollständigkeit und Aktualität der Inhalte können wir jedoch keine Gewähr übernehmen. Ebenso können die Autoren und Herausgeber für eventuelle Nachteile oder Schäden, die aus den in diesem Buch enthaltenen Inhalten resultieren, keine Haftung übernehmen.

Dieses Buch enthält Links zu externen Webseiten Dritter, auf deren Inhalte wir keinen Einfluss haben. Deshalb können wir für diese fremden Inhalte auch keine Gewähr übernehmen. Für die Inhalte der verlinkten Seiten ist stets der jeweilige Anbieter oder Betreiber der Seiten verantwortlich.

_ INHALT

_ VORWORT

Es gibt – wenn man mit Fußball etwas zu tun hat – kaum einen Tag, an dem nicht irgendetwas Spannendes passiert.

Solche Tage gab es für mich im August 2019. Ich saß Norbert ELGERT gegenüber, der sich für mich uneingeschränkt (!) Zeit nahm. Wir stießen auf viele Gemeinsamkeiten in unserem Denken und Handeln. Ich habe ihm nebenbei von meinem Projekt erzählt, als Herausgeber eines Buchs fungieren zu wollen, dessen Beiträge von vier Freunden stammen, die an derselben Schule „Fußball" unterrichte(te)n, die über Fußball nicht nur ähnlich denken, sondern auch philosophieren und bemüht junge Menschen in diesem Sport begleiten. Wir sprachen über Rolf LANDERL, der sich zur Erlangung der UEFA-Profilizenz in seiner Portfolioarbeit über Schnitt- und Zweigstellen der (semi-)professionellen Ausbildung von Fußballern Gedanken gemacht hat, über Walter FRANTA, der mit *VCK33* einen Leitfaden veröffentlicht hat, der helfen soll, aktiv-offensive Torhüter auszubilden, über Harald WEBER, der sich in seinem Artikel mit Problemfeldern beschäftigt, die die duale Ausbildung „Schule + Fußball" betreffen, und auch über die Ausbildung jugendlicher Spieler/innen in meiner Firma *AFS Spielerentwicklung und -beratung*.

Diese Begegnung hat mich ungemein fasziniert, vor allem, dass sich Norbert ELGERT an allem interessiert gezeigt hat. Er hinterfragte unsere sportartspezifischen Ansätze, aber auch unsere Strategien im Umgang mit jungen Sportlern und Sportlerinnen. Schlussendlich hat er, der seine „Erfolgsstrategien" in seinem fesselnden Buch „Gib alles – nur nie auf! Die Erfolgsstrategien vom Trainer der Weltstars" (Ariston Verlag, München 2019) preisgegeben hat, sich sogar bereit erklärt, ein paar Zeilen „unserem" Buch voranzustellen. Danke, Norbert!

Dominik Voglsinger

Dominik Voglsinger und Norbert Elgert

Lieber Dominik!
Liebe Fußball-Freunde!

Es passiert nicht alle Tage, dass ich jemanden, den ich kaum kenne, in meine Trainerkabine einlade. Das war zwar damals dem Umstand geschuldet, dass strömender Regen unseren Gang ins Bürogebäude verhinderte, hatte aber auch damit zu tun, dass Dominik und ich uns schon im Vorfeld über Fußball unterhalten haben und Trainer sich in gewohnten Umgebungen am wohlsten fühlen. Je tiefer wir gemeinsam in der Fußballmaterie abtauchten, umso klarer kam eine große Übereinstimmung in vielen Dingen zum Vorschein. Werteorientierung, authentisches Führen und die herausragende Stellung der Entwicklung und der Verbesserung der Spielintelligenz waren dabei unsere Schwerpunktthemen. Ich persönlich habe für mich aus unseren Gesprächen sehr viel Positives mitgenommen. Für euer Buch wünsche ich dir, lieber Dominik, und deinen Freunden von Herzen ganz viel Erfolg.

Norbert Elgert

_ AFS-INDIVIDUALTRAINING

Von Dominik Voglsinger

AFS-Individualtraining

Von Dominik Voglsinger

Warum ich die Firma *AFS Spielerentwicklung und -beratung* gegründet habe

Der Weg in den Fußballbereich wurde mir sehr früh geebnet. Mein Vater und mein Onkel waren aktive Spieler. Als kleines Kind verbrachte ich sehr viel Zeit auf dem Fußballplatz, um bei den Trainingseinheiten meines Vaters zuzuschauen. Der Ball wurde zu einem festen Bestandteil meiner Kindheit und fasziniert mich bis heute. Mit sechs Jahren meldeten mich meine Eltern beim Fußballklub SV Donau an, von dort ging es ein Jahr später zu der Wiener Austria. Besonderes Glück hatte ich mit meinem damaligen Trainer Tom Adams, er lehrte uns schon sehr früh das Spiel mit dem Ball. Sein großes Vorbild war immer die Ajax Amsterdam-Schule. Wir bekamen wöchentlich technische Tricks von ihm auf dem Platz vorgezeigt und für das Wochenende teilte er uns Kopien der Ajax Amsterdam-Arbeit aus, um diese bis zu der nächsten Trainingseinheit zu studieren.

Das war der Zeitpunkt, von dem an das Spiel für mich mehr war als nur ein Spiel.

Mein Interesse wurde geweckt, auf dem Platz neue Möglichkeiten zu erkennen und wie man gewisse Spielsituationen am besten lösen könnte. Die Entwicklung nahm seinen Lauf, mit 16 Jahren wurde ich an den First Vienna FC 1894 verliehen, welcher damals in der zweiten österreichischen Liga spielte. Unter Rudi Eggenberger bekam ich als junger Spieler schon meine ersten Einsätze. Mit 18 Jahren ging es zurück zur Wiener Austria, um die ersten Schritte in der Bundesliga zu tun. Aber es kam anders! Eine Verletzung nach der anderen plagte mich bis zu meinem 25. Lebensjahr. Nach vielen Höhen und Tiefen beendete ich meine kurze, aktive Karriere als Spieler.

Meine Liebe zum Fußball war ungebrochen, aber der Schmerz, als Spieler aufhören zu müssen, saß tief. Es kam, wie es kommen musste, mit 26 Jahren begann ich als Trainer bei einem Dorfklub in der 7. Liga, von dort ging es in die 5. Liga nach Wien, über Red Bull Ghana zum Deutschen Fußball Verband (DFB), wo ich als Trainerausbilder tätig war.

Vom ersten Tag an sah ich die Aufgabe als Trainer immer darin, Spieler besser machen zu dürfen und vor allem junge Spieler, die aus dem Nachwuchs kommen, zu unterstützen. Ich war nie ein großer Freund davon, eine Mannschaft komplett zusammenzukaufen. Mir hat es immer gefallen, etwas aus den Spielern zu machen, die bereits vorhanden sind.

„Ich wurde Trainer, um Spieler besser zu machen,
und nicht, um die besten Spieler zu kaufen,
dafür muss ich kein Trainer sein."

Während meiner Trainertätigkeiten erlangte ich meine Trainerlizenzen bis zur UEFA A-Lizenz und absolvierte mein Fußball-Managementstudium in Düsseldorf.

Wie schon erwähnt, strebe ich immer an, das Spiel wie ein Puzzle zu zerlegen, die Spieler in Parteispielen individuell und auf ihrer Position zu verbessern und sie wieder in das Mannschaftsgefüge zu integrieren.

Als Trainer war es immer mein Wunsch, in einem funktionierenden Team zu arbeiten, das ein durchgängiges Nachwuchskonzept transportiert. Bis heute habe ich in Österreich (außer aktuell bei RB Salzburg) noch keine Akademie gesehen, die genau diesen Plan verfolgt.

Somit habe ich mich dazu entschlossen, das Heft in die eigene Hand zu nehmen und genau dieses Problem, die Verbesserung der Spieler, selbst zu lösen.

Im Jahr 2018 gründetet ich die Firma
***AFS Spielerentwicklung und -beratung* in Wien**
mit dem klaren Ziel, Spielern – neben der Vereinsarbeit –
zusätzliche Trainingseinheiten anzubieten.

Wir möchten hier die Firma *AFS Spielerentwicklung und -beratung* vorstellen, die natürlich nur für Fußballer im Großraum Wien interessant ist. Nichtsdestotrotz soll dieses Kapitel Spielern und Eltern die wichtigsten Punkte vor Augen führen, die beim Individualtraining zu beachten sind.

AFS-Individualtraining

Der Fußball ist eine vielseitige komplexe Mannschaftssportart, die verschiedene Fertigkeiten und Fähigkeiten benötigt. Um einer optimalen Entwicklung gerecht zu werden, müssen wir das Mannschaftstraining wie ein Puzzle auseinandernehmen. Der kleinste gemeinsame Nenner ist das Individualtraining und diesem widmen wir uns.

Warum Individualtraining, um schneller zum eigenen Ziel zu kommen?

Im Individualtraining steht der Spieler unter dem Fokus des handelnden Trainers. Der Trainer kann nach einer IST-Analyse für den Spieler ein optimales Training bezüglich seiner Stärken und Schwächen ausarbeiten. In der Trainingsarbeit hat der Trainer die Möglichkeit, diese Stärken und Schwächen direkt anzusprechen und zu coachen.

Ab welchem Alter kann man mit dem Individualtraining beginnen?

Die Grundlagen werden in den ersten „Fußballjahren" gelegt. Eine schlecht oder falsch erlernte Technik lässt sich später nur mehr schwer verbessern. Daher ist es wichtig, früh in das Individualtrainingsprogramm einzusteigen.

Die Firma *AFS Spielerentwicklung und -beratung* erläutert die Inhalte und die Vorteile des Individualtrainings

Wir von der *AFS Spielerentwicklung und -beratung* wollen jungen Spielern eine ideale Weiterentwicklung ermöglichen, indem jeder Einzelne seine Persönlichkeit, sein Talent und seine Fähigkeiten optimal entfalten kann. Wir fördern das Streben nach herausragenden sportlichen Leistungen und bieten unseren AFS-Athleten hierfür ein positives und unterstützendes Umfeld im Sportzentrum Strebersdorf.

Unsere Werte

Hohe Ansprüche an die eigene Leistung und Respekt vor der Leistung anderer prägen unsere Zusammenarbeit. Konflikte bleiben nicht im Raum stehen, sondern werden direkt ausgetragen. Leidenschaft soll für das entwickelt werden, was wir tun. Wir begegnen den Menschen innerhalb und außerhalb von AFS mit Freundlichkeit, Ehrlichkeit, Höflichkeit und Respekt. Unsere Arbeit ist darüber hinaus von einer Offenheit gegenüber Neuem gekennzeichnet. Vereinsarbeit wird nicht beurteilt oder kommentiert. Es werden keine Kooperationen mit Vereinen, Verbänden oder Schulen vereinbart. Im Mittelpunkt steht die Entwicklung des Spielers in der wöchentlichen Arbeit bei AFS.

Unsere Definition von Erfolg

_ Spaß haben an der Sache

_ Mit Eigenmotivation das Training oder Spiel angehen

_ An die Leistungsgrenze gehen

_ Loyalität und Wertschätzung zeigen

_ Ziele mit Leidenschaft, mit Begeisterung und innerer Überzeugung verfolgen

_ An der eigenen Persönlichkeit arbeiten

_ Kreativität und Freude am Spiel entwickeln

„Doch es ist total seriös und lebenswichtig, dass man überhaupt einen Plan hat, wie man Nachwuchsförderung sieht und wie man dann handelt. Am wichtigsten sind sowieso die Spieler, die eine Topausbildung, egal auf welchem Niveau, genießen müssen. Aber dies geht nur mit einem Plan und geschulten Trainern, die nicht trainieren um des Trainings willen, sondern mit ihren Formen und dem entsprechenden Coaching die Spieler weiterentwickeln wollen." (Nico Romeijn)

AFS Spielerentwicklung und -beratung

AFS Spielerentwicklung und -beratung ist eine unabhängige Firma, die keine Kooperation mit Schulen oder Vereinen führt. Wir begleiten und betreuen Spieler neben der Vereinsarbeit in Spezialeinheiten. Die Firma AFS steht nicht in Konkurrenz mit Vereinen oder Schulen.

Das Wertvollste ist der Spieler!

In jungen Jahren sehen sich viele Nachwuchsspieler bereits auf dem Weg in die Bundesliga. Diesen Traum zu haben, ist etwas Schönes und sollte unterstützt werden, solange anderen Lebensbereichen eine ebenso hohe Aufmerksamkeit gewidmet wird. Wir möchten, dass sich das Kind (der Spieler) nicht nur als Sportler definiert, sondern auch anderen Lebensbereichen zuwendet. Die Persönlichkeitsentwicklung eines Spielers ist uns wichtig, daher ist uns ein guter kommunikativer Austausch mit den Eltern und Spielern sehr wichtig. Eine gute Entwicklung kann nur stattfinden, wenn der Spieler in einer Ausgewogenheit von Elternhaus, Schule, Sport und Freundeskreis lebt. Wir sehen unsere Aufgaben darin, eine gezielte Entwicklung und Förderung der Persönlichkeit mit der Arbeit auf dem Platz – im Verbund mit den Eltern, mit der Schule und dem Verein – zu ermöglichen. Die Entwicklung aktiver, denkender und verantwortungsbewusster Spieler wird begleitet.

„Die beste Art, um ein Kind Fußball zu lehren, ist begleiten und nicht verbieten." (Johan Cruijff)

Ein weiterer Aspekt ist für uns die Vermittlung, dass Talent nicht alles ist und die harte Arbeit im Vordergrund steht. Das ständige Wiederholen von Abläufen ist entscheidend, um in Drucksituationen gelernte Abläufe umsetzen zu können.

„Nicht das Talent, sondern das bewusste Üben, das über Jahre und Jahrzehnte mit unerbittlicher Selbstdisziplin praktiziert wird, ist der Hauptgrund für den Erfolg von Menschen." (Geoffrey Colvin)

Die Unterschiede zwischen AFS- und Vereinstraining

Der Schwerpunkt liegt in der Individualisierung der Trainingsarbeit. Folgende Bereiche sind davon betroffen:

_ Technische Ausbildung
_ Individual- und gruppentaktische Ausbildung
_ Positionstechnische Ausbildung
_ Persönlichkeitsentwicklung
_ Leistungsorientierte und eigenmotivierte Einstellung zum Trainingsbetrieb
_ Selbstkritische Auseinandersetzung mit der eigenen Leistung und mit den Vorgaben der AFS-Trainer
_ Schulung der Teamfähigkeit
_ Positive Einstellung zum Training
_ Körpersprache der Spieler
_ Physischer Bereich (Beweglichkeit – Koordination – Kräftigung)

Wir betreuen den AFS-Athleten wöchentlich ein- bis zweimal. Der Spieler bekommt regelmäßig Übungen für seine Freizeit bzw. für das Vereinstraining mit.

Für folgende Bereiche ergehen „Hausaufgaben" an die Spieler:

_ Mobilisation

_ Kräftigung

_ Technik

_ Individualtaktik

AFS-Trainingseinheiten haben immer dasselbe Muster, welches drei Teilbereiche erkennen lässt. Für die 1:1-Situation beispielsweise gilt:

I. Erarbeitung/Vorstellung eines „Idealbildes"

Zu beachten:

1. Peripherie
2. Timing/Tempo
3. Distanz
4. Finte (Körper/Schritt//Schuss/Pass) – situativ („Plan A")/ alternativ („Plan B")
5. Folgeaktion

II. „Trainingsbild"

Aktion gegen Mal

Aktion gegen inaktiven Gegenspieler/halbaktiven Gegenspieler

III. „Wettkampfbild"

Aktion gegen aktiven Gegenspieler/Spielform

Ein wichtiges Thema ist für uns die Kommunikation mit den Eltern und den AFS-Athleten.

Viermal jährlich finden Testungen statt. Sie betreffen:
_ Technik
_ Mentalbereich
_ Kraftverhältnisse (Isometric-Check, frei für jeden Spieler)

Der Ablauf wird sowohl schriftlich als auch per Video festgehalten und in die AFS-Datenbank eingespielt. Nach jeder AFS-Testung findet ein Orientierungsgespräch mit den Eltern und Spielern statt.

Kommunikation mit den Eltern

Für uns ist es wichtig, dass wir mit den Eltern wöchentlich im Austausch sind. Nur gemeinsam können wir einen positiven Einfluss auf die Persönlichkeitsentwicklung des Kindes nehmen.

Zusätzlich ist es für uns wichtig, wöchentlich eine Rückmeldung des Wochenablaufes zu erhalten, um auf jeweilige Situationen individuell eingehen zu können. Die Eltern werden von uns wöchentlich über die Trainingsinhalte informiert, somit können auch diese aktiv auf die Regenerationsphase nach der Trainingseinheit Einfluss nehmen

Kommunikation mit dem Spieler

Die Kommunikation mit dem Spieler vor, während, aber auch nach dem Training ist uns sehr wichtig. Das Individualtraining hat Vorteile, auch bezüglich der Möglichkeit, sich mit dem Spieler vor und nach der Trainingseinheit ausführlich über verschiedene Bereiche zu unterhalten. Nur wenn der Spieler sich absolut wohl fühlt, wird er sein volles Leistungspotential abrufen können.

Mathea Berger bei der Videoanalyse
direkt nach der Trainingseinheit

Inhalte der Trainingsarbeit

Für uns ist wichtig, dass wir unseren AFS-Athleten die Bedeutung der Ballbeherrschung vermitteln. Im Leistungsfußball
werden Raum-, Gegner- und Zeitdruck immer größer. Es ist
kaum möglich, den Ball in Ruhe anzunehmen. Nur wer den
Ball gut bis perfekt beherrscht, kann Spielsituationen lösen
bzw. eine Folge-Aktion einleiten.

Wie vermitteln unseren Spielern einen Grundsatz:

„Beherrsche ich den Ball, beherrsche ich den Gegner."

Wir trainieren die Ballbeherrschung mit maximal drei Spielern. Die Vorteile liegen in der genauen Beobachtung der Ausführung. Alles, was wir als Trainer nicht erkennen, können wir nicht bewerten und folglich auch nicht behandeln.

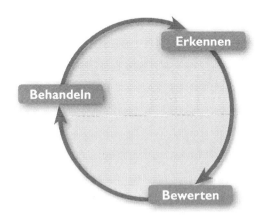

Kopfballspiel

Das Kopfballspiel ist ein fester Bestandteil in der AFS-Trainingsarbeit. Im Gegensatz zum Mannschaftstraining können wir auf den Schwerpunkt gezielter eingehen:

_ Erlernen des Kopfballspieles

_ Basisübungen am Stand

_ Kopfballspiel aus der Bewegung

_ Kopfballspiel mit Absprung beidbeinig

_ Kopfballspiel mit Absprung einbeinig (rechts/links)

_ Kopfballspiel (Defensive)

_ Kopfballspiel (Offensive)

Ballannahme und Ballmitnahme

Der erste Ballkontakt ist wichtig, denn mit der Weiterverarbeitung des Balles entscheidet sich die gesamte Folgeaktion!

Technikübungen mit dem „Corpus Rasenreich"

Die Firma *AFS Spielerentwicklung und -beratung* arbeitet seit 2015 mit dem „Corpus Rasenreich" und konnte damit schnelle Erfolge im Bereich Ballbeherrschung und Reaktionsfähigkeit der Spieler erzielen. Sein Vorteil: Er verlangt von den Spielern Reaktionen auf Unvorhersehbares. Im Fußball kann sich die Spielsituation innerhalb von Sekundenbruchteilen ändern. Den größten Unterschied zwischen guten und großartigen Spielern macht die Fähigkeit aus, in kürzester Zeit neue Spielsituationen zu erkennen und die beste Lösung zu finden. Dies geschieht hunderte Male während eines Spieles. „Corpus Rasenreich" hilft den Spielern dabei, diese wichtige Fähigkeit zu verbessern. Neben den üblichen Spieleigenschaften eines normalen Fußballs hat „Corpus Rasenreich" ein schwer vorhersehbares Sprung- und Rollverhalten, das sowohl Feldspieler als auch Torhüter dazu zwingt, Bewegungsabläufe durchzuführen, die Sekundenbruchteile zuvor noch nicht geplant waren.

Das stimulative Training mit „Corpus Rasenreich" stellt hohe Anforderungen an die Koordinations-, Konzentrations- und Reaktionsfähigkeit eines Spielers und erhöht die Anzahl von Bewegungsmustern, aus denen der Fußballer auswählen kann.

Technikstabilisation mit
Corpus Rasenreich 1

Technikstabilisation mit
Corpus Rasenreich 2

„Corpus Rasenreich" 1 (links),
„Corpus Rasenreich" 2 (rechts)

Verweis
www.rasenreich.com

Im Online-Shop erhalten Sie
die Bälle 10% günstiger!
www.rasenreich.com/shop
Rabattcode:
Spannungsfelder2020

rechts: Technikstabilisation
mit kleinem Ball (Handball)

unten: Technikstabilisation in
Kombination mit Koordination und
einem normalen Fußball

Passspiel / Passspiel in Drucksituationen

Wir vermitteln den AFS-Athleten, dass das Passspiel mehrere Bedeutungen hat. Für die Spieler soll es eine nonverbale Botschaft sein. Das Fußballspiel ist so variabel, dass wir verschiedene Arten von Passspiel in die Trainingsarbeit einbinden müssen. Bei AFS trainieren wir die Passspielarten hauptsächlich in verschiedenen Übungsformen. Ziel ist, die Arbeit mit beiden Beinen in variierten Passformen immer wieder zu üben. Die Spielformen trainieren die AFS-Athleten bei ihren Vereinen. Unsere Trainer erarbeiten mit unseren Spielern verschiedene Abläufe, die das Vereinstraining ergänzen sollen. Der Unterschied zwischen der Vereinsarbeit und AFS liegen in der Betreuung des einzelnen Spielers. Wir können gezielt und schnell auf die Schwächen und Stärken der Spieler eingehen. Das Passspiel wird in kleinen Elementen exakt trainiert und bearbeitet. Auch der Einsatz der Videotechnik ist uns wichtig, der Spieler bekommt gleichsam einen „Spiegel" vorgesetzt. Diesen Spiegel setzen wir hauptsächlich für gelungene Aktionen ein, um den Spieler in seiner Handlung positiv zu bestärken.

Inhalte des AFS-Passspieltrainings:

_ Spielfeld scannen und optimale Passoptionen abchecken
_ Kontrolle über den Ball finden, „der Situation die Hektik nehmen"
_ Konzentration hochhalten
_ Optimale Passoption für das Folgespiel finden
_ Das Passspiel an die Situation anpassen
_ Nach dem Passspiel Laufwege setzen

Beispiel

Spielfeld scannen und optimale Passoptionen abchecken

Um sich einen zeitlichen Vorteil zu verschaffen, ist es notwendig, vor dem Erhalt des Balles das Spielfeld mit Mitspielern und Gegenspielern zu scannen. Das erfordert eine optimale Positionierung auf dem Spielfeld, zum Passgeber und zum Passempfänger (Beispiel: offene Stellung).

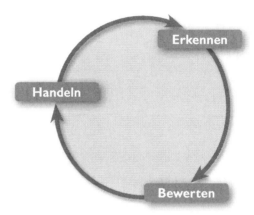

Koordination

Beim Koordinationstraining werden nicht nur Bewegungen ausgeführt, sondern es müssen auch kognitive Aufgaben gelöst werden. Es kommt zu neuen „Vernetzungen" im Gehirn, sodass viele Aufgaben und Situationen im Alltag, aber natürlich auch im Sport, wesentlich leichter und besser bewältigt werden können.

Koordinationstraining wirkt sich nicht nur positiv auf die körperliche Betätigung aus, sondern beeinflusst auch andere Bereiche nachhaltig:

_ Konzentrationsfähigkeit

_ Kreativität

_ Bewegungsschatz

_ Verletzungsprophylaxe

Die Arbeit an der Beweglichkeit, Kräftigung & Stabilisation

Fußball ist eine sehr komplexe Sportart. Wesentliche Vorteile hat ein Spieler, der schnell „auf den ersten Metern" ist. Dafür muss er reaktionsschnell sein, unterschiedliche Situationen bestmöglich antizipieren können und über ein großes Beschleunigungsvermögen verfügen. Dabei ist es im Gegensatz zum Sprinter nicht so wichtig, den Beschleunigungsweg zu verlängern.

Selten sehen wir einen Fußballer 50 m am Stück in höchstem Tempo ohne Richtungswechsel sprinten. Generell ist Fußball als „Stopp & Go"-Sportart geprägt von vielen Richtungswechseln. In Zweikampfsituationen kommt noch der Körperkontakt des Gegenspielers hinzu. Auch ohne einen direkten Zweikampf kann der Gegenspieler die Sicht oder den Weg verstellen und dadurch Umwege für den ballführenden Spieler erzwingen.

Der 100-Meter-Sprinter rennt auf einer definierten Strecke geradeaus, ohne Körperkontakt und ohne einen Ball berechnen zu müssen. Des Weiteren macht er sich auch keine Gedanken über Laufwege, er hat seine begrenzte Bahn vor sich. In einem wichtigen Punkt jedoch ist der Fußballer dem Sprinter ähnlich: Beschleunigung! Ein 10.000-Meter-Läufer würde keinen guten Fußballer abgeben, ein Sprinter könnte dies sehr wohl. Wir können uns sofort Usain Bolt als Flügelspieler vorstellen, aber schwer vorstellbar wäre wohl Haile Gebrselassie als „6er", unabhängig vom Alter. Trainingsinhalte können somit aus den Sprintdisziplinen übernommen werden, allerdings mit dem Fokus auf der Verbesserung im Bereich Startreaktion und Beschleunigung.

Eine weitere Voraussetzung für einen guten Fußballer ist ein hohes Maß an Koordination, speziell im Bereich Technik (Ballgefühl) und Gewandtheit (Qualität der Gesamtmotorik).

„Je besser die Qualität der Koordination ist, desto geradliniger, müheloser und präziser wird das Bewegungsziel erreicht. Die Bewegungsabläufe werden [...] ökonomischer, sodass der Energieaufwand und damit der Sauerstoffbedarf für eine gegebene muskuläre Beanspruchung abnehmen. Gleichzeitig sinkt der Ermüdungsgrad. [...] Die Ökonomisierung der Bewegung reduziert darüber hinaus die Verletzungsgefahr [...]."
(Hollmann/Strüder)

Impressionen aus unserem
Koordinationstraining

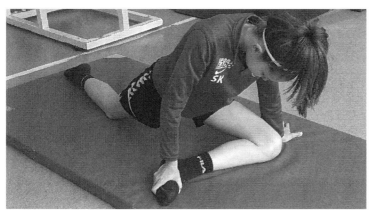

Handlungsschnelligkeit

AFS Spielerentwicklung und -beratung arbeitet vor allem an der Verbesserung der Handlungsschnelligkeit:

„Unter Handlungsschnelligkeit ist eine komplexe sportartspezifische Schnelligkeitsform zu verstehen. Sie stellt ein psychophysisches Vollzugsmerkmal dar, das die Schnelligkeit der ablaufenden kognitiven und motorischen Prozesse technisch-taktischer Spielhandlungen – sie werden emotional und motivational interindividuell unterschiedlich gesteuert – in gegebenen Spielsituationen widerspiegelt (…)" (Jürgen Weineck)

Kontrolle und Dokumentation

Viermal im Jahr findet eine „AFS-Testung" statt. Die Einheiten werden per Video aufgenommen und kommen im Anschluss in ein Datenanalyseprogramm, das für die AFS-Athleten frei zugängig ist.

Die Vorteile
_ Kontrolle über die Entwicklung der AFS-Athleten
_ Feedback für die Spieler und Eltern

Drei Schwerpunkte werden gesetzt:

Fußball-TE/TA

_ Ballbeherrschung

_ Ballannahme/Ballmitnahme

_ Freilaufbewegungen

_ Kopfballspiel

Mentalbereich

_ Mentalanalyse (Mentaldatenblatt)

Physische Parameter

_ Kraftverhältnismessung („Isometric-Check")
Der „Isometric-Check" wird von der Firma „Topsport"
(www.topsport.at) durchgeführt und ist für die AFS-Athleten
freiwillig.

Spielbeobachtung

Sie ist ein weiteres Instrumentarium, das Erlernte in der Praxis zu sehen. Nichts ist so wichtig wie die Umsetzung in der Spieleinheit.

Fokussierungsschwerpunkte während des Spiels

_ Technik-Umsetzung

_ Freilaufbewegungen

_ Passspiel

_ Positionsspiel

_ Körpersprache

_ Mentalität

Isometric-Check

Fokussierungsschwerpunkte nach dem Spiel

_ Selbstreflexion

_ Austausch mit den Eltern

Ablauf

Einmal monatlich begutachten wir das Verhalten unserer Athleten während eines Vereinsspieles im Mannschaftsverbund. Der Fokus liegt auf der Ballverarbeitung, auf der Freilaufbewegung, auf dem Passspiel und auf der Körpersprache (beispiels-weise nach einem Fehlpass). So können wir in den nächsten Trainingseinheiten bewusst neue Schwerpunkte setzen.

Nach dem Spiel holen wir die Selbstreflexion des Spielers ein. Im Anschluss an das Spiel, vor der nächsten Trainingsein-heit, gibt es einen Austausch mit den Eltern.

Verweis
_ VOGLSINGER, Dominik/MANGOLD, Thomas: Der Weg zum richtigen Start. Fußballtraining für Trainerneulinge und Inte-ressierte. Wien 2016
_ VOGLSINGER, Dominik: Der Weg zum Fußballfundament. Anregungen für Training und Spiel. Wien 2018
_ VOGLSINGER, Dominik/MANGOLD, Thomas: Der Fußball-kompass. Checklisten für Training & Spiel. Wien 2019

Das Sportzentrum Strebersdorf

Das Sportzentrum liegt in Wien Strebersdorf und ist öffentlich mit Bahn, Bus und Straßenbahn für unsere Sportler leicht zu erreichen. Die Sportanlage liegt fünf Minuten von der Auto-bahn entfernt. Zusätzlich bietet das Sportzentrum genügend kostenlose Parkmöglichkeiten. Mit großer Begeisterung wurde das Sportzentrum Strebersdorf im Jahr 2018 umgebaut. Ein Rasenplatz, ein neuer Kunstrasenplatz, drei neue Fußballhal-len und zwei weitere Hallen mit einer Kraftkammer bilden das Herzstück dieser Anlage. Des Weiteren wurden neue Umkleidekabinen (inkl. Duschen), die direkt an den Hallen und am Rasenplatz angrenzen, erbaut.

Unsere gemeinsame Zusammenarbeit

Uns ist wichtig, dass die Eltern Teil unseres Teams sind. Ihr Kind verbringt viel mehr Zeit mit ihnen als mit seinen Trainern. Wichtig ist, dass wir uns – zum Wohle des Kindes – gegenseitig austauschen und unterstützen. Die Eltern sind überaus wichtig für ihre Tochter oder ihren Sohn und deswegen wird das, was sie sagen oder tun, einen Einfluss auf die sportliche Leistung nehmen.

**Der Fußball ist eine ideale Schule, um zu lernen,
sich persönlich weiterzuentwickeln.**

Das Kind muss die Freiheit haben, sich selbst zu finden, Kind zu sein, und die Eltern können die Garanten und die Beschützer dieses Weges sein. Sie können ihre Kinder führen und anleiten, sie können sie ermutigen, aber sie können auch ungewollt Druck ausüben, was bedeutet, mehr von seinem Kind zu verlangen, als es zu geben im Stande ist. So beschleunigen die Eltern die natürliche Entwicklung ihres Kindes, was aber langfristig das Gegenteil von dem bewirken kann, was sie eigentlich erreichen wollten.

Direkte und schnelle Behandlung unserer AFS-Athleten

Fußball ist eine dynamische Ballsportart mit zwei Faktoren:
_ Dynamisches Spiel mit dem Ball
_ Dynamischer Umgang mit dem Gegner

Diese dynamischen Faktoren wirken sich auch auf den Körper des Spielers aus. Dynamische Kräfte bedeuten immer ein erhöhtes Verletzungsrisiko. Mit der „arthroclinic" haben wir einen optimalen Partner für unsere AFS-Athleten. Verletzungen sollten rasch und schonend versorgt werden In der „arthroclinic" werden Verletzungen wie Knochenbrüche oder Bänderrisse nach höchsten Standards versorgt . Das Ziel ist die gipsfreie und frühfunktionelle Nachbehandlung. Das sind Voraussetzungen für die rasche Rückkehr in den Sport.

Der Ablauf nach einer Verletzung

Sofortige Kontaktaufnahme mit *AFS Spielerentwicklung und -beratung*

1. Der Verletzte Spieler und AFS werden innerhalb von 24 Stunden von „arthroclinic" kontaktiert und über den weiteren Verlauf verständigt

2. Innerhalb von 48 Stunden wird eine Magnetresonanztomographie (MRT) veranlasst

3. Es wird Rücksprache über die notwendige Behandlung gehalten

4. Sollte eine Operation notwendig sein, wird der AFS-Spieler schnellstmöglich operiert, damit er rasch wieder in den Leistungsbereich zurückkehren kann

5. Physiotherapie wird in der „arthroclinic" sofort nach der Operation angewendet

6. Nach Rücksprache mit „arthroclinic" erfolgt der Wiedereinstieg bei *AFS Spielerentwicklung und -beratung*

7. Individualtraining wird abgehalten, um den Spieler langsam wieder für das Mannschaftstraining vorzubereiten

Verweis

www.arthroclinic.org/kontakt.html

_ WENINGER, Patrick: Beeinträchtigungen durch typische Ver-
letzungen/Überlastungen. In: VOGLSINGER, Dominik: Der
Weg zum Fußballfundament. Anregungen für Training und
Spiel. Wien 2018, S. 87–105

AFS-Torhütertraining

Michael Walker bietet seit einem halben Jahr im Rahmen
von *AFS* ein Torhütertraining an, das Kinder und Jugendliche
zusätzlich zum Vereinstraining absolvieren. Zu seiner Person
merkt Walker an:

„Ich bin 23 Jahre alt und seit zwei Jahren begeisterter Torwarttrainer.

In meiner eigenen, doch recht kurzen Laufbahn durfte ich
einige tolle Trainer kennenlernen und auch einiges von ihnen
mitnehmen, das mir jetzt hilft, mein Training zu gestalten. Ich
selbst war als Torwart ein „Spätzünder". Bis zu meinem sieb-
zehnten Lebensjahr war ich in keinem Ausbildungszentrum,
stand in keiner Landesauswahl und spielte in keiner Akademie. Dann erfolgte der Wechsel von einer Landesligamann-
schaft in die Akademie von Flyeralarm Admira Wacker. Dort
lernte ich Walter Franta kennen, einen Torhütertrainer, den
ich sehr schätze und der in diesem Buch auch seine Gedanken
zum Torhütertraining mitteilt. Bald beendete ich meine aktive
Karriere als Torhüter und begann Ausbildungen zu absolvieren. Mittlerweile bin ich wieder zu Flyeralarm Admira Wacker

zurückgekehrt, dieses Mal als Trainer, und freue mich, auch bei „*AFS Spielerentwicklung*" jungen, talentierten und ambitionierten Torhütern helfen zu können, sich bestmöglich zu entwickeln, und Unterstützung auf dem Weg in den Erwachsenen-Fußball anzubieten."

Welche Ausbildungsprinzipien werden verfolgt?

Die Ausbildung des Torwarts bei AFS beruht auf den Ideen von Walter Franta, der mit *VCK33* einen Leitfaden zur Ausbildung eines aktiv-offensiven Torwarts publizierte.

Ziel des Trainings ist, den jungen, talentierten Torhütern so viel wie möglich beizubringen und mitzugeben, dass sie das Torwartspiel modern interpretieren können.

Es wird darauf Wert gelegt, das Training so individuell wie möglich zu gestalten. Jeder Torhüter hat Stärken und Schwächen, auf die im Training Rücksicht genommen werden muss. Grundsätzlich lässt sich sagen, dass viele junge Torhüter Probleme hinsichtlich der Fußtechnik und der Koordination haben.

Das Training bei *AFS Spielerentwicklung und -beratung* versucht, diese Probleme mit gezielter Arbeit zu beheben. Dabei ist es wichtig, auf Details einzugehen:

_ Wo setzt der Standfuß auf?
_ Wie verhält sich das Fußgelenk beim Treffen des Balles?
_ Wie sieht es mit dem Kniewinkel im Standfuß aus?
_ Kann das Kind die Beinachsen stabilisieren?

Solche und ähnliche Fragen hat sich der Trainer zu stellen, um den Kindern hilfreiche Tipps geben zu können.

Konstruktive Kritik und Verbesserungsvorschläge, um eine Bewegung zu erlernen bzw. zu optimieren, gehören zur Ausbildungsphilosophie von *AFS Spielerentwicklung und -beratung*.

Wie werden die Trainingseinheiten aufgebaut?

Vor jedem Training wird ein Schwerpunkt festgelegt, auf den alle Übungen ausgerichtet sind. Jede Trainingseinheit kann in die Bereiche Aufwärmen, Hauptteil, Abwärmen unterteilt werden.

Im Hauptteil kommen folgende Schwerpunkte zum Tragen:
1. Isolierte Übungsformen (Techniktraining)
2. Kombinierte Übungsformen (Techniktraining mit konditionellem oder koordinativem Hauptgewicht)
3. Komplexe Übungsformen (spielnahe Übungsformen, in denen die zuvor geübte Technik zum Einsatz kommt)

Je nach Alter werden diese Schwerpunkte gesetzt.

In jungen Jahren wird das isolierte Training große Bedeutung haben, da es vor allem darum geht, neue Bewegungen zu erlernen und zu festigen. Je älter und erfahrener die Torhüter werden, desto mehr neigt sich der Schwerpunkt des Trainings hin zum komplexen Training.

Es ist auch festzulegen, in welchem Alter welche konditionellen und koordinativen Aspekte im Training Berücksichtigung zu finden haben.

Welche Inhalte werden trainiert?

Da das Training bei *AFS* nur am Wochenende stattfindet, wird vor allem darauf geachtet, Inhalte einzubauen, denen im Vereinstraining meist zu wenig Aufmerksamkeit geschenkt wird. Es handelt sich dabei vor allem um eine grundlegende athletische Ausbildung der Torhüter, um eine exakte Fußtechnik und das Training koordinativer Fähigkeiten.

Verweis

_ FRANTA, Walter: *VCK33. Visualisieren.Coachen.Kontrollieren. Ein österreichischer Weg zum aktiv-offensiven Torwart.* 2. Aufl., Möllersdorf 2019

AFS-Mentaltraining

Thomas Mangold hat sich seit einigen Jahren auf das Sportmentaltraining, auf Körpersprache und das Coaching spezialisiert. Die Spieler werden beobachtet und analysiert. Alle drei Monate absolvieren die Spieler eine AFS-Technikanalyse, dabei wird der Spieler von zwei Kameras aufgenommen. Mangold erstellt ein Videofeedback. Der Austausch erfolgt immer mit den Eltern und dem Spieler zusammen.

Voraussetzungen

Das Sportmentaltraining ist nicht verpflichtend. Der Spieler kommt freiwillig, Eltern können zwar in den Prozess integriert werden und ihn auch anstoßen, aber die Entscheidung muss der Spieler treffen.

Sportmentaltraining wird den Spielern vor Ort in Vorträgen und kurzen Inputs immer wieder nähergebracht, so dass sie in der Regel von sich aus einem Interesse am Sportmentaltraining entwickeln.

Die Sportanlage Strebersdorf bietet optimale Bedingungen. Neben einem eigenen Raum für Gespräche können wir da auch die gesamte Sportanlage nutzen, auch die Halle.

Der Start

In einem Erstgespräch werden dem Spieler die Möglichkeiten, aber auch die Notwendigkeit des Sportmentaltrainings nähergebracht. Außerdem versuchen wir herauszufiltern, ob der Spieler aus eigenem Antrieb oder auf Wunsch der Eltern zu uns kommt.

Die Anamnese beinhaltet in der Regel einen Fragenkatalog, den der Spieler ausfüllt, es wird dabei die mentale Grundeinstellung des Spielers festgestellt.

Dazu gehört auch ein Wettkampfprofil, das Auskunft über die mentale Stärke im Wettkampf gibt. Der Spieler verlässt die erste Einheit bereits mit einer Aufgabe für zu Hause.

Außerdem wird der Athlet darauf hingewiesen, dass es nach der dritten Einheit ein „Zukunftsgespräch" gibt. In diesem Zukunftsgespräch soll geklärt werden, ob eine Vertrauensbasis für die weitere Zusammenarbeit geschaffen werden konnte. Nur wenn eine solche besteht, wird die Zusammenarbeit fortgesetzt.

Mentaltrainer Thomas Mangold mit Spieler Sebastian Grandjean

Der weitere Verlauf

Kommt der Spieler mit einem spezifischen Problem zum Mentaltraining, wird dieses vorrangig behandelt. Ist das nicht der Fall, arbeiten wir an der mentalen Grundstärke des Athleten.

Die gemeinsame Arbeit erfolgt grundsätzlich direkt in Strebersdorf, kann aber in Spezialfällen auch online über Skype oder Telefon erfolgen. Die Spieler bekommen immer wieder auch Übungen, die zu Hause, im Training oder im Wettkampf zu absolvieren sind.

In der Anfangsphase finden wöchentlich oder 14-tägig Treffen statt. Dauert die Zusammenarbeit länger an, werden die Termine je nach Bedarf vereinbart.

Im Rahmen des Sportmentaltrainings werden auch Zielsetzung und Karriereplanung detailliert erarbeitet. Auch daraus ergeben sich immer wieder spannende Aufgaben, sowohl für die Athleten als auch für ihr Umfeld.

Fazit

Die Zusammenarbeit (Athlet, dessen Umfeld, Trainerteam des AFS, Sportmentaltrainer) verläuft so, dass der Spieler die optimalen Bedingungen vorfindet, um sich sportartspezifisch, aber auch mental steigern zu können.

Verweis
www.sport-mentaltraining.com

Dominik Voglsinger

Spezialgebiet:
Technik & Taktik

Dominik Voglsinger wurde 1981 in Wien geboren und begann seine Fußballer-Laufbahn mit sieben Jahren beim *FK Austria Wien*, wo er bis zum 16. Lebensjahr alle Nachwuchsmannschaften durchlief. Im Anschluss daran wechselte er zu *First Vienna FC 1894* in die zweithöchste Spielklasse. Im Alter von 26 Jahren musste er seine Spielerkarriere nach mehreren Verletzungen beenden und begann seine Arbeit als Trainer.

Dominik Voglsinger absolvierte die UEFA-A-Lizenz und in Deutschland das Fußballmanagement-Studium. Es folgten Stationen als Trainer und Lehrer.

Aktuell

_ Fußball-Lehrer am Bundesrealgymnasium Bad Vöslau-Gainfarn seit 2016

_ Geschäftsführer der *AFS Spielerentwicklung und -beratung* seit 2014

_ Referent in der Trainerfortbildung des *Deutschen Fußball-Bundes* seit 2018

Trainer-/Manager-Stationen

_ FC Moser Medical Rohrendorf (4. Leistungsstufe)

_ First Vienna FC 1894 (3. Leistungsstufe)

_ Red Bull Ghana (Nachwuchs)

_ Deutscher Fußball-Bund (DFB): Niedersächsischer Fußball-
bund e.V. (NFV), zuständig für die Traineraus- & -fortbildung

_ Techniktrainer in der Akademie des FC Admira Wacker Möd-
ling (Bundesliga Österreich)

_ DER PROFESSIONELLE FUSSBALLSPIELER

**Aus dem Nachwuchsfußball zu den Profis –
Schnitt- und Zweigstellen**
(gekürzte Version der Portfolioarbeit zur
Erlangung der UEFA-Profilizenz 2015)

Von Rolf Landerl

Der professionelle Fußballspieler

Aus dem Nachwuchsfußball zu den Profis –
Schnitt- und Zweigstellen

Von Rolf Landerl

Schnittstellen-Problematik im Fußball

Persönliche Annäherungen

„20 % sind Talent und Glück, 80 % harte Arbeit!", sagt Dirk Novicky, der über ein Jahrzehnt „der" Führungsspieler bei den Dallas Mavericks, Gewinner der NBA und mehrerer individueller Titel war.

Die tägliche Herausforderung, den ambitionierten Talenten etwas Entscheidendes mitzugeben, um den Sprung in den Profifußball zu schaffen, hat mir wichtige Einblicke in deren Entwicklung gewährt. Gerade deshalb wollte ich (auch für mich) mit dieser Arbeit analysieren, was denn nun tatsächlich entscheidend für einen erfolgreichen Schritt in den Profifußball sein kann.

Als erfolgreicher Übergang kann bewertet werden, wenn der Spieler im Profifußball Fuß fasst, wo er dann auch über einen längeren Zeitraum spielt.

Somit komme ich zum ersten der zwei entscheidenden Übergänge in den Profifußball, dem Umstieg aus dem Akademiefußball zu den Jungprofis, den sogenannten „Amateuren", eines Bundesligaklubs. Mir gefällt der Begriff „Jungprofis" besser, da die Intensität des Trainings und Spiels wirklich nichts mit Amateuren zu tun hat. Je homogener dieser Übertritt abläuft, desto schneller wird jener in die Profiabteilung gelingen.

In diesem Bereich sollte noch mehr im Detail gecoacht und gearbeitet werden, die technischen Fertigkeiten und das taktische Verständnis, aber auch die technisch-taktischen Abläufe auf der jeweiligen Position sollten automatisiert sein.

Meine Erfahrungen und Beobachtungen haben mir gezeigt, dass der Großteil der Spieler die Intensität der geführten Zweikämpfe, die Bedeutung des „Resultats" und die Folgewirkungen technisch-taktischer Fehler als die größten Probleme sieht.

Mein Ansatz ist, dass wir in den Akademiemannschaften U16/U18 lernen sollten, schon auch auf Resultat zu spielen oder zumindest das Bewusstsein zu schaffen, ein positives Resultat „halten" zu können. Auf den Punkt gebracht, geht es darum, Spieler zu entwickeln – keine Mannschaften. Der Trainer muss sich in diesen Altersklassen zurücknehmen.

Eine Möglichkeit – in Holland wird das schon länger so praktiziert – wäre, einen Bonus an die Jugendtrainer auszubezahlen, die an der Ausbildung eines Spielers mitgearbeitet haben, falls der Spieler den erfolgreichen Übergang in die erste Mannschaft schafft.

Hat man bis jetzt gegen Gleichaltrige und des Öfteren gegen Mannschaften mit einer ähnlichen Spielauffassung gespielt, trifft man nun auf Spieler, die ihren Platz und Status gefunden haben.

Spieler, die eine hohe Spielintelligenz mitbringen und mit der Situation ganz „cool" umgehen, passen sich erfahrungsgemäß schneller an als solche, die nur körperliche Vorzüge vorzuweisen haben.

Pro Jahrgang ist es vielleicht einer, dem nach einem kurzen „Zwischenstopp" in der Zweitvertretung der Durchmarsch in die Bundesligamannschaft gelingt; er ist eher die Ausnahme.

Hier muss gut abgewogen werden, ob das Überspringen dieses Schrittes auch Sinn macht, schließlich müssen diese Spieler auch als Persönlichkeit reifen, müssen lernen, Verantwortung zu übernehmen.

Es besteht auch die Möglichkeit, mit dem Spieler eine Art „Zwischenlösung" zu erarbeiten, d.h.: Er trainiert am Anfang der Woche mit der Bundesliga-Mannschaft und wird gegen Ende zur Zweitvertretung geschickt.

Dennoch habe ich das Gefühl, dass sich der junge Spieler im Allgemeinen wohler dabei fühlt, wenn er weiß, zu welcher Truppe er gehört. Er ist in gruppendynamische Prozesse involviert, kann sich seinen Platz in der Mannschaft erspielen oder erkämpfen, muss ihn dann bestätigen und verteidigen. Ich glaube, das bringt ihn weiter als die o. g. Zwischenlösung. Wenn man die Struktur der meisten österreichischen Akademien betrachtet, lassen sich mehrere Schnittstellen und Übergänge in die jeweils nächsten Jahrgänge ausmachen.

Es beginnt mit dem Übergang aus der U14 in die erste Akademie-Mannschaft, der U15, die dann auch landesweit in der höchsten Spielklasse spielt. Danach erfolgt der Schritt in die U16 und dann der Sprung in die U18. Im Verein gibt es ab der U15 halbjährlich Evaluierungsgespräche, zuerst vereinsintern mit den jeweiligen Trainern, Akademieleitern und sonstigen Verantwortlichen (Psychologen, Athletiktrainern), dann mit den betroffenen Eltern und Spielern.

Die Kriterien, den erfolgreichen Übergang in den nächsten Jahrgang zu schaffen, werden mit zunehmendem Alter konkreter und strenger.

Versuch einer Strukturierung

Ist die Ausbildung in einer Akademie zwingend notwendig, um in den Profifußball zu kommen?

Anhand einiger Beispiele – Philipp Schobesberger, Stefan Meierhofer und früher einmal Jimmy Hasselbank – kann ich jedoch auch einen anderen Weg festmachen, weil die genannten Spieler nie eine Akademie besucht haben, es bevorzugt haben, in ihrem familiären Umfeld zu bleiben und mit ihren Freunden ganz einfach Spaß am Fußball zu haben, vielleicht wurden sie auch ganz einfach nicht gescoutet.

Gerade deshalb konnten sie ihre überragenden Fähigkeiten wie Dribbling, Finten, Intuition, Schnelligkeit (Schobesberger), Siegermentalität, Torinstinkt (Meierhofer) oder Schusskraft, Technik, Kopfballspiel (Hasselbank) ohne umfangreiche taktische Vorgaben und Regeln weiterentwickeln und wurden dann von größeren Klubs entdeckt.

Wenn man die Karriere von Hasselbank näher betrachtet, fällt auf, dass er in Holland nie in der ersten Liga gespielt hat und laut seinen Trainern in keiner Ballhalteform mitspielen konnte. Dennoch wurde er in Portugal, Spanien und England Torschützenkönig und Meister und schaffte es auch in die holländische Nationalmannschaft.

Ist es Zufall, dass alle drei genannten Spieler Offensivspieler sind? Mir zeigt es, dass man den „Abenteurer" im Fußballer unbedingt zulassen muss, weil es diese Spieler sind, die Spiele entscheiden können und unerwartete Dinge auf dem Platz tun. Ich bin überzeugt davon, dass der Besuch einer Fußballakademie nicht unbedingt notwendig ist, um in den Profifußball zu gelangen.

„Ich will, dass die Fans begeistert sind und in den 90 Minuten einen Wow-Effekt erleben." (Peter Bosz)

Im Juni 2014 war ich in Brasilien auf Besuch, konnte mir dort ein paar WM-Vorrundenspiele anschauen und mir ein Bild vor Ort machen. Wir wissen, was den Brasilianern der Fußball bedeutet, das, was sie für Fußball empfinden, übersteigt unsere Vorstellungen.

Interessiert verfolgte ich die Spiele der Selecao und konnte mir eines nicht erklären:

Wo waren die „Abenteurer", die „Intuitivgeister" im brasilianischen Spiel?

Sie waren abhandengekommen!

Da ich Portugiesisch spreche, konnte ich mich mit den Brasilianern sehr gut über Fußball unterhalten. Nach Meinung vieler Menschen ist das System korrupt. Geld spielt eine viel zu große Rolle in allen Bereichen, die Topspieler und Talente gehen viel zu früh ins Ausland und finden Aufnahme in europäischen Fußballakademien.

Der Denkansatz vieler Brasilianer ist:
„Lasst sie länger auf der Straße, am Strand und in ihren
Klubs spielen, lasst sie das Abenteuer Fußball ausleben und
ihre Intuition für das Spiel reifen. Holt den Fußball nicht
weg von der Straße!"

Ich will klarstellen, dass ich auf keinen Fall gegen Akademien bin. Sie sind eine große Bereicherung. Ich will lediglich festhalten und vor allem vor Augen führen, wie wichtig Kreativität, Intuition und Abenteuerlust im Spiel sind. Für 90 % der Zuschauer sind diese Tugenden das Salz in der „Fußball-Suppe", wofür sie zu Tausenden wöchentlich ins Stadion pilgern. Der „Abenteurer" und „Kreativgeist" Neymar wechselte erst mit 22 Jahren zum FC Barcelona.

Hat ein Kind schon jemals angefangen Fußball zu spielen,
weil es so gerne verteidigt?

Der Traum, Profifußballer zu werden, beginnt oft im Garten, auf der Wiese, im Park. Wenn es dem Kind Freude bereitet, Fußball zu spielen, erfolgt meist die Einschreibung bei einem Verein. Hier zeigt sich schon die erste Zweigstelle.

Heute gibt es schon sehr früh Vereinstraining, da das Spielen auf der Wiese oder im Park fast wegfällt. Falls Talent und Wille erkennbar sind, wird der junge Spieler im Normalfall sehr schnell entdeckt („gescoutet") und kommt oft bei einem Bundesligaklub unter. Von da an beginnt der schon vorher erwähnte Weg mit den Zweigstellen in den verschiedenen Altersklassen bis hin zur Profiabteilung.

Folgende Darstellung soll die zwei möglichen Wege verdeutlichen:

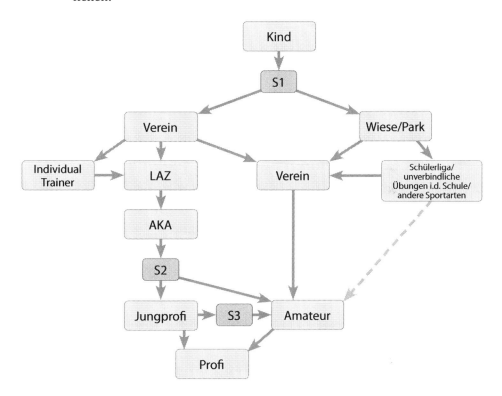

Der ÖFB unterstützt als Dachverband die Fußballakademien, erstellt die Anforderungsprofile und organisiert die Jugendligen U15, U16, U18.

Weiters ist der ÖFB zuständig für die ÖFB-Jugendauswahlen bis hin zum A-Team.

Unter dem Dachverband ÖFB sind die Landesverbände organisiert. Sie gewährleisten die Organisation des Spielbetriebs auch der untersten Klassen und Amateurklubs.

Der Landesverband erstellt Ausbildungskriterien und Schwerpunkte der LAZ. Den österreichischen Bundesliga-Nachwuchszentren wird dadurch ein qualitativer Unterbau bei der Heranbildung von Profifußballern geboten.

Der Landesverband stellt überdies die Landesverbandsauswahlen.

Spielerstatus

Die folgenden 3 Schemata bieten Differenzierungen, die den Amateurspieler, den semiprofessionellen und den professionellen Spieler bezüglich ihrer Motivation und Ziele unterscheiden helfen sollen:

56

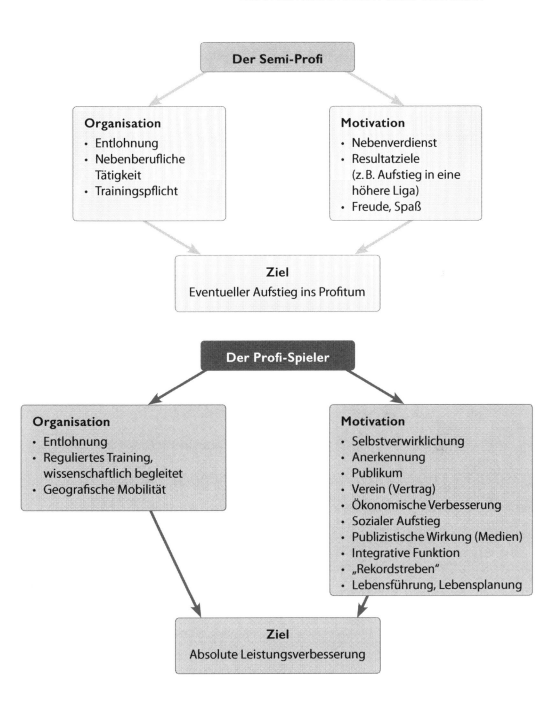

Der Semi-Profi

Organisation
- Entlohnung
- Nebenberufliche Tätigkeit
- Trainingspflicht

Motivation
- Nebenverdienst
- Resultatziele (z. B. Aufstieg in eine höhere Liga)
- Freude, Spaß

Ziel
Eventueller Aufstieg ins Profitum

Der Profi-Spieler

Organisation
- Entlohnung
- Reguliertes Training, wissenschaftlich begleitet
- Geografische Mobilität

Motivation
- Selbstverwirklichung
- Anerkennung
- Publikum
- Verein (Vertrag)
- Ökonomische Verbesserung
- Sozialer Aufstieg
- Publizistische Wirkung (Medien)
- Integrative Funktion
- „Rekordstreben"
- Lebensführung, Lebensplanung

Ziel
Absolute Leistungsverbesserung

Ausbildungswege in klassischen Ausbildungsländern

Das Sprichwort „Viele Wege führen nach Rom" ist gerade für dieses Kapitel sehr passend.

Österreich

„Ein Fußballer muss trainieren mit dem Ball, nicht nur laufen, laufen, laufen. Ich kann ja mit dem Ball auch laufen."
(Ernst Happel)

Ich denke, Österreich hat einen hervorragenden Weg eingeschlagen, die Ausbildung seiner FußballspielerInnen auf international anerkanntes Niveau zu stellen.

Bei uns in Österreich gestaltet sich der Übergang aus dem Nachwuchsbetrieb in den Profikader ausschließlich über die Zweitvertretung.

Ich meine, dass das für uns die beste Lösung ist. Wenn ich mir die Situation meines ehemaligen Arbeitgebers Admira Wacker anschaue, so schaffen pro Jahrgang doch mindestens 2 Spieler den Sprung in den Profikader. Der Druck auf die jungen Athleten ist groß, sie haben 2 bis maximal 3 Saisonen Zeit, sich für die Erste Mannschaft zu empfehlen. Falls sie die Verantwortlichen nicht überzeugen können, gibt es eventuell noch die Möglichkeit, verliehen zu werden.

Ich habe auch beobachtet, dass ein Schritt aus der „Komfort-Zone" oftmals einen entscheidenden Impuls geben kann. Es kann nicht jeder mit 19, 20 Jahren „fertig" entwickelt sein, es ist schwierig, einen Entwicklungsprozess zeitlich genau zu definieren. Ich habe mich in vielen Bereichen noch am Ende meiner Spieler-Karriere weiterentwickelt.

Dennoch muss der Spieler gewisse Kriterien erfüllen, um weiterhin gefördert zu werden. Man kann sich bezüglich der Selektion oder des Treffens von Entscheidungen auch einmal irren, aber es ist besser, sich einmal zu irren, als ständig gewisse Grauzonen, Unklarheiten und Verzögerungen entstehen zu lassen.

Hubert Baumgartner (ehemals Tormann bei Espanyol Barcelona) erklärte mir das Ausbildungsprinzip der Spanier:

**„Wenn der Spieler nicht bereit ist,
ist der Trainer auch nicht bereit."**

In Spanien gibt es keine Systemerhalter in den Mannschaften. Ab dem 14. Lebensjahr wird ehrlich selektioniert und es werden Entscheidungen getroffen. Es wird mit der Frage, ob ein Spieler bei einem Profiverein eine Zukunft hat, sehr offen umgegangen. Man hat Mut, Entscheidungen zu treffen, und keine Angst davor, sich auch einmal zu irren.

Gerade diese Ehrlichkeit lässt vielleicht den einen oder anderen Spieler umdenken und Wege beschreiten, um es über einen „Umweg" doch noch zu schaffen.

**Seleccion antes que formacion.
Auswahl kommt vor der Ausbildung.**

Eckpunkte der Ausbildungssituation in Österreich möchte ich in markanten Sätzen festhalten:

_ Österreich hat einen eigenen Ausbildungsweg entwickelt.

_ In Österreich hat man erkannt, dass es viel lukrativer und nachhaltiger ist, selbst Spieler auszubilden, als das Geld in teure ausländische Spieler zu investieren.

_ Die letzten Jahre haben gezeigt, dass unsere Topspieler so lang wie möglich in ihrem gewohnten Umfeld bleiben und nicht zu früh den Schritt ins Ausland wagen sollten.

_ Den letzten Schliff, internationales Topniveau zu erreichen, erhalten österreichische Spieler im Ausland.

_ Der Großteil der Leistungsträger unseres Nationalteams spielt in internationalen Topligen.

_ Die Nachwuchsförderung in Österreich ist intakt, doch könnte man mutiger sein, Talente ins kalte „Bundesligawasser" zu schmeißen.

_ Bei vielen Bundesligisten dienen 18-,19-jährige Hoffnungsträger nur als Kaderergänzungen, allein aus wirtschaftlicher Sicht sollte den gut ausgebildeten Talenten noch früher eine Chance gegeben werden.

_ Ein 20-jähriger Stammspieler mit Spielpraxis auf höchstem Niveau lässt sich leichter verkaufen als ein 23-jähriger Kaderspieler.

_ Ein hindernder Faktor, mit noch mehr Nachdruck junge Spieler zu bringen, kann die Ligagröße sein, eine Aufstockung könnte angedacht werden.

_ Steht eine Mannschaft im Mittelfeld einer Tabelle, wäre das der optimale Spielraum für Klub und Trainer, Talenten früh Spielpraxis zu geben.

_ Faktum ist, dass Spielzeit auf Bundesliga-Niveau sicher förderlich für die Entwicklung des jugendlichen Spielers ist.
_ Österreichische Top-Spieler (Junuzovic, Prödl, Fuchs, Dragovic, Alaba) hatten ihre ersten Einsätze auf höchstem Niveau noch vor Vollendung ihres 20. Lebensjahres.
_ Zu beobachten ist auch die Tatsache, dass viele Spieler, die zwar bei ihrem eigenen Verein die Akademie absolviert, aber den Sprung in den Profikader nicht geschafft haben, dann doch noch über einen anderen Verein in die Bundesliga gelangen, was eine logische Entwicklung aufgrund der 12 Akademien und der damit verbundenen Ausbildung von Spielern zu sein scheint.
_ Es herrscht eine große Fluktuation von Spielern in und zwischen den einzelnen Leistungsstufen.

Wären Weltstars wie Xavi, Iniesta, Mertens oder gar Messi in Österreich zur Entfaltung gekommen?

Weiters kommt es des Öfteren vor, dass retardierte, aber technisch begabte Spieler zwischen 16 und 18 „aussortiert" werden. Ich bin dafür, diesen Athleten eine Chance zu geben, auch wenn sie keinen großen Sprung im körperlichen Bereich machen. Es handelt sich oftmals um sehr „schnell denkende" Spieler, die ihre Defizite durch gute Antizipation von Situationen wettmachen. Ich bin dafür, ihnen im „jüngeren Jahrgang" ein weiteres Jahr zu geben. Dafür müssten gewisse Strukturen neu „verhandelt" werden.

Erfolge

In Österreich haben nach der Jahrtausendwende ein Umdenken und eine Umstrukturierung der Ausbildung im Hinblick auf die Heim EM 2008 stattgefunden. Viele Spieler der Nationalmannschaft (Hinteregger, Prödl, Fuchs, Janko, Klein, Junuzovic) haben ihre fußballerische Ausbildung in einer der österreichischen Akademien absolviert. Nach einigen Jahren Bundesligaerfahrung haben sie dann den Sprung ins Ausland gewagt.

Es ist kein Zufall, dass es in den letzten Jahren regelmäßig vorkommt, dass sich österreichische Nachwuchsauswahlen für Endrundenturniere qualifizieren.

Eine Statistik der letzten Jahre zeigt aber, dass nur 7 – 8% der Akademieabgänger einen erfolgreichen Schritt in den Leistungsfußball setzen konnten. Woran die geringe Quote festzumachen ist, kann ich nicht definitiv sagen.

Die Akademie ist in jedem Fall „Dienstleister" und hat die Verantwortung, eine bestmögliche Ausbildung zu bieten.

Ich wage zu behaupten, dass wir in der Ausbildung von Spielern, trotz Teilerfolgen, noch nicht alle Ressourcen ausgeschöpft haben. Alles Verfügbare abzurufen, wird aber elementar für internationale Erfolge in den nächsten Jahren sein.

**„Mein Weg ist der Offensivfußball
mit einer kompakten Defensive."** (Peter Bosz)

Am Beispiel einiger österreichischer Vereine zeigt sich die Wichtigkeit einer im Klub gemeinsam praktizierten Spielphilosophie. Am konsequentesten geht Red Bull Salzburg diesen Weg:

Ball jagen, nach vorne verteidigen, schnell umschalten – diese Merkmale kennzeichnen den Weg. Diese Werte werden von Anfang an verinnerlicht, die Spielidee und die dazugehörenden notwendigen Eigenschaften werden von den Trainern und von den Spielern eingefordert. Wenn man bei Red Bull Trainer sein will, muss man mit der Vereins- und Spielphilosophie absolut einverstanden sein.

Deutschland

„Geht's raus und spielt's Fußball!"
(Franz Beckenbauer vor dem WM-Finale 1990)

In Deutschland sind die Altersgruppen im Nachwuchs anders eingeteilt. So gibt es U17 und U19, danach die Zweitvertretung und dann die erste Mannschaft. Somit sieht der Übergang in die erste Mannschaft anders aus als bei uns in Österreich.

Die Amateurmannschaft vieler Bundesligavereine ist in der Regionalliga vertreten. Ich hatte die Möglichkeit, mich mit den Verantwortlichen von Schalke 04 auszutauschen. Für diesen Top-Verein der deutschen Bundesliga ist die Zweitvertretung „Systemerhalter". Sie dient dazu, Spielern Spielpraxis zu ermöglichen, die „oben" nicht oder nur wenig spielen oder die von Verletzungen zurückkommen. Aufgefüllt wird der Kader mit Spielern, die aus der U19 nachrücken.

„Aber was passiert mit den Top-Talenten, mit denen der Verein plant?", fragte ich. „Die sind so gut, dass sie entweder gleich den Sprung in den Profikader von Schalke 04 schaffen oder aber sofort aus der U19 zu einem anderen Verein der 2. oder 3. Bundesliga ausgeliehen werden.", war die Antwort. Klubs wie Bayer Leverkusen oder Eintracht Frankfurt haben nach einer Analyse, wie viele Spieler der Amateurmannschaft es in den letzten zehn Jahren tatsächlich in die Profiabteilung geschafft haben, ihren „Amateurapparat" aufgelöst. Es waren wenige, der Gewinn stand in keiner Relation zu den jährlich anfallenden Kosten, lieber investieren sie nun das ersparte Geld in die bestmögliche Betreuung der Nachwuchsmannschaften und der Trainer und in die Infrastruktur.

In der deutschen Bundesliga kann man eine ähnliche Tendenz wie in Holland erkennen. Die meisten Vereine scheinen erkannt zu haben, dass man durch Ausbilden eigener Spieler sowohl wirtschaftliche Gewinne einfahren als auch Identifikationsfunktion für die gesamte Region übernehmen kann.

Eine Studie vom August 2013 zeigt, dass der VfB Stuttgart in den letzten Jahren die mit Abstand meisten Meisterschaften (10 A-Jugend U19, 6 B-Jugend U17) gewonnen hat:

_ Kein Verein hat aktuell mehr aktive Bundesligaprofis ausgebildet als der VfB.

_ In der Saison 2012/2013 erreichte der VfB allerdings nur den 13. Tabellenplatz.

_ Dass die Gleichung „guter Nachwuchs = erfolgreiche Profis" dabei nicht aufging, zählt zu den Ausnahmen, wie andere Statistiken beweisen.

_ 7 Vereine in der deutschen Bundesliga hatten 2013 mindestens 3 Spieler in der Stammelf, die aus der eigenen Jugend kommen, 6!! davon belegten einen der ersten 7 Plätze in der Endtabelle, lediglich der VfB Stuttgart wurde von Eintracht Frankfurt „verdrängt".

In der Statistik von 2013 spiegeln die 248 Bundeligaprofis die Nachwuchslandschaft in Deutschland wider. In den letzten 5 Jahren, bevor sie Lizenz-Spieler wurden, haben die 248 jetzigen Profis bei 166 verschiedenen Vereinen gespielt. 112 dieser Vereine haben nur einen einzigen Spieler hervorgebracht. Dass ein großes Talent unentdeckt bleibt, ist beinahe ausgeschlossen. Fast die Hälfte der Spieler hat in den letzten 5 Jahren, bevor sie Profi wurden, den Verein nicht mehr gewechselt. 29 Spieler haben für 3 verschiedene Vereine gespielt, nur bei Hegeler (Bayer Leverkusen), Kolasinac (Schalke 04) und Wollscheid (Bayer Leverkusen) waren es mehr Vereine.

Wollscheid ist im deutschen Fußball trotz des intensiven Scoutings der Klubs und der Trainingsstützpunkte des DFB vielleicht das letzte Phänomen seiner Art.

Wollscheid (aktuell Stoke City): *„Ich kann nicht sagen, ob ich übersehen wurde oder einfach nicht so weit war."* So ein Werdegang ist im heutigen deutschen System kaum mehr beobachten.

In der Saison 2012/2013 hat der SC Freiburg so viele eigene Nachwuchsleute wie kein anderer Verein eingesetzt. Der Verein sieht sich auch als reiner „Ausbildungsverein". 1860 München, seit Jahren in der zweiten Liga, muss ausbilden und verkaufen, um zu überleben. Bekannte Spieler wie die Bender-

Zwillinge, Schäfer, Träsch, Volland, Mlappa, Leitner oder auch der Österreicher Hosiner mussten verkauft werden, um den professionellen Fußball weiterhin gewährleisten zu können.

Ligakrösus FC Bayern München bot zu diesem Zeitpunkt sechs im eigenen Nachwuchs ausgebildete Spieler in der Stammformation auf.

Auf beachtliche vier Stammspieler, von der Borussia selbst ausgebildet, konnte Trainer Le Favre von Mönchengladbach zurückgreifen.

TSG Hoffenheim, ein Verein, der auf schnelle Aufstiege und schnellen Erfolg setzt, konnte seit 2008 nur zwei Spieler erfolgreich ausbilden!

Im Bundesland Nordrheinwestfalen hingegen ist der dicht bevölkerte Ballungsraum Fluch und Segen zugleich. Es gibt eine Fülle an Talenten, aber die Konkurrenz ist weitaus größer als beispielsweise rund um Stuttgart, wo der Weg vom Dorfverein zum VfB Stuttgart keine Alternativen kennt.

Selbst RLW (Regionalligawest)- Verein Rot Weiß Essen spielt mit der U17 und U19 Bundesliga. Das ist ein weiteres Indiz dafür, dass Deutschland eine sehr große Auswahl an Spielern hat, aber auch ein Beweis dafür, wie wichtig ein gut funktionierendes Scoutingsystem ist.

In Deutschland hat nach der EM 2004 ein Umdenken stattgefunden, nachdem man mit einer damals überalterten Mannschaft eine sehr enttäuschende Endrunde gespielt hatte. Das Ausbildungskonzept wurde reformiert.

Der Fokus wurde vermehrt auf die Jugendarbeit gerichtet, man orientierte sich an den Niederlanden, was die Ausbildung von Offensivspielern und den offensiv ausgerichteten Fußball angeht. Das, gepaart mit den deutschen Tugenden und der oftmals erwähnten Mentalität, macht Deutschland mittlerweile zu einem sehr erfolgreichen Ausbildungsland.

Klar schöpft Deutschland aus einem sehr großen Reservoir an Spielern, und doch scheint es, dass der DFB eine hervorragende Struktur ins gesamte Ausbildungssystem gebracht hat. Auch wenn sich Deutschland nie öffentlich als Ausbildungsland deklariert hat, ist die Neustrukturierung des Ausbildungssystems maßgeblich beteiligt an den jüngsten Erfolgen des deutschen Fußballs. Die deutschen Nachwuchsnationalmannschaften sind beinahe bei allen Endrundenturnieren dabei.

„Es ist der falsche Ansatz zu sagen, wir müssen zurück zu alten Tugenden, Laufen und Kämpfen. Das würde bedeuten, zu einem Jugendlichen zu sagen, du musst rechnen können, dann wirst du Mathematik-Professor." (Jögi LÖW, 2006)

Deutschland hat sich im Offensivspiel sehr viel von den Niederlanden und deren Ausbildung abgeschaut. Die Bundesliga mit dem Status einer Topliga, die Ausbildung bei den Bundesligaklubs und die Infrastruktur machen Deutschland sehr attraktiv.

Der Weltmeistertitel Deutschlands 2014 ist der bisherige Höhepunkt dieser Entwicklung.

Niederlande

„Fußball ist einfach, aber es ist schwer einfach zu spielen."
(Johan Cruiff)

Künftig will der KNVB in der Ausbildung der Spieler mehr Wert aufs Verteidigen legen, ohne die bekannten und populären Offensivqualitäten des niederländischen Fußballs zu vernachlässigen.

Inzwischen ist die Stimmung im fußballverrückten Holland wegen der Stagnation des Oranje Teams so gedrückt, dass man sich von anderen Nationen inspirieren lassen will, weil man von sich aus keine Neuerungen bieten kann. *„Das Ausland hat sich in den vergangenen Jahren mit großem Appetit in der holländischen Küche umgesehen. Jetzt ist es so weit, dass die Niederlande wagen, gute Dinge aus anderen Ländern zu übernehmen, ohne die eigene Kultur in diesem Prozess zu verlieren"*, so der KNVB-Direktor Bert van Oostveen in der Tagesschau vom 11. 06. 2015.

Die doch vorbildliche Rolle als Ausbildungsland verdeutlichen Entwicklungen in den letzten Jahren. Dass dennoch ein Umdenken stattgefunden hat, ist trotz des dritten Platzes bei der WM in Brasilien nicht verwunderlich. Das „kleine" Holland wollte schon immer innovativ und vorausschauend arbeiten, und jetzt hat es den Zeitpunkt erkannt, sich nicht weiter im Erfolg der letzten Jahre sonnen zu können.

Auffallend ist, dass viele der selbst ausgebildeten Spieler, die Stammkräfte wurden, einen Transfer zu einem Topklub schafften und somit aller Wahrscheinlichkeit nach auch die Vereinskassen füllen konnten. Innenverteidiger Stefan de Vrij, der Eigenbauspieler von Feyenoord Rotterdam, wechselte 2014 beispielsweise um 6,5 Millionen Euro zu Lazio Rom.

Eine Untersuchung von 2014 zeigt, welche Eredivisie-Vereine in den Jahren 2009–2014 die meisten Jugendspieler debütieren ließen. Als Jugendspieler gilt ein Spieler, der mindestens 1 Spiel in der U18 für den jeweiligen Verein bestritten hat, wenn der Spieler erst in der zweiten Mannschaft hinzugenommen wird, zählt er nicht als Eigenbauspieler.

Insgesamt haben in dieser Periode 163 Jugendspieler bei den jeweiligen Vereinen debütiert. Bis auf wenige, die bei einem Amateurverein gelandet sind, spielen alle noch im Profifußball.

Ein wichtiger Aspekt ist auch, dass die Vereine, die die meisten Eigenbauspieler in ihren ersten Mannschaften eingesetzt haben, auch konstant in den oberen Rängen der Tabelle wiederzufinden waren.

Ein Traditionsverein in der zweiten holländischen Liga, Sparta Rotterdam, erwies sich in dieser Periode als Hauptlieferant für die oberste Spielklasse. 8! selbst ausgebildete Spieler konnte Sparta Rotterdam erfolgreich an Mannschaften der Eredivisie verkaufen. Der Klub hat sich, obwohl „nur" in der zweiten Liga aktiv, einen sehr guten Ruf als Ausbildungsverein aufgebaut.

Die Niederlande befinden sich in einer Identitätskrise. Jahrelang galt man als „das" Vorbild in Bezug auf Ausbildung und Begleitung junger Spieler. Ich glaube, dass nach wie vor gut ausgebildet wird, was man alleine anhand der Anzahl der Spieler in den europäischen Topligen sieht. Doch hat man erkannt, dass man speziell im Bereich der Ausbildung defensiver Kompetenzen Defizite hat. Die Niederländer haben den Ruf, innovative Wege zu gehen, und es wird interessant sein zu verfolgen, wo sie ansetzen werden, um die Situation zu verbessern.

Ich möchte nochmals zum Übergang von der U18 in den Amateurkader zurückkommen. In Holland gibt es eine eigene Meisterschaft der zweiten Mannschaften der Eredivisie-Klubs. Die Spiele finden am Montagabend statt, haben also einen eigenen Spieltag. Die Mannschaften praktizieren die Spielidee der ersten Mannschaft, daher gibt es keine Anpassungsprobleme, der Übergang verläuft flüssig.

Holland sieht sich schon lange als Ausbildungsland, seit dem Bosman-Urteil aber muss man auf ausländische Superstars verzichten und probiert mit gezieltem Scouting, auch ausländische Talente zu entwickeln. Da liegt der große Unterschied zu den österreichischen Akademien, wo man, bis auf Salzburg, vermehrt auf einheimische Talente setzt. Die Niederlande haben ihr Nachwuchskonzept überdacht, bald wird die holländische Fußballschule wieder international Anschluss gefunden haben.

Auf Klubebene ist man hauptsächlich durch die traditionellen Top3-Klubs international vertreten. Ajax, PSV und Feyenoord schaffen es zwar regelmäßig in die Championsleague-Gruppenphase, spielen dort aber in den letzten Jahren kaum eine entscheidende Rolle. Man ist aber doch präsent und kann die jungen Spieler die notwendigen Erfahrungen auf diesem Niveau machen lassen.

Anforderungsprofile

„Leben besteht zu 10%, was mit Dir passiert,
und zu 90%, wie Du darauf reagierst."
(Lou Holtz, ehemaliger NFL-Trainer und -Spieler)

Der Einzelspieler als Leistungsträger

Folgende Parameter haben Gerhard BAUER und Heiner UEBERLE in ihrem Buch „Fußball. Faktoren der Leistung, Spieler- und Mannschaftsführung", das 1984 erschienen ist, zusammengetragen:

_ Allgemeine Persönlichkeitsmerkmale
  _ Alter, Entwicklungsstand, Größe, Gewicht, Körperbau
  _ Wesensmerkmale
_ Spiel- und Leistungsfähigkeit
  _ konditionelle Fähigkeiten
  _ technische Fertigkeiten
  _ taktische Handlungsfähigkeit
  _ komplexe Spielfähigkeit
_ Spiel- und Leistungsbereitschaft
  _ Motive, Bedürfnisse, Normen und Werte
_ Gesellschaftliche und soziokulturelle Rahmenbedingungen
  _ Erziehungs- und Bildungsprozesse
  _ aktuelle Tagesbedingungen
_ Erbanlangen und Talent

Die Leistungsfaktoren stehen in ständiger Wechselwirkung miteinander. Soll die Leistung der Mannschaft verbessert werden, müsse auch dem Einzelspieler Beachtung geschenkt werden, halten BAUER/UEBERLE fest, denn:

„Die Persönlichkeit des Spielers mit allen spielrelevanten Leistungsfaktoren ist die Keimzelle der Mannschaftsleistung."

Für „Schnittstellentrainer" sollten die oben genannten Faktoren, die die Entwicklung des Spielers betreffen, beachtet werden.

Sie im Einzelnen ausdifferenzieren zu wollen, würde hier zu weit führen, lediglich zu den konditionellen und taktischen Fähigkeiten und technischen Fertigkeiten seien ein paar Hinweise angebracht. Basistechniken sind konsequent erhaltend und verbessernd zu schulen, der Entscheidungsfindung und Handlungsfähigkeit unter Raum-, Gegner- und Zeitdruck ist Rechnung zu tragen sowie auch dem Erkennen von Räumen, dem Verlassen und Besetzen dieser Räume sowie positionsspezifischen Anforderungen.

Im Zusammenhang mit Anforderungsprofilen hat mich eine Frage besonders beschäftigt: Gibt es den Siegertyp? Was zeichnet ihn aus? Kann man sich Siegermentalität aneignen?

Wenn ich mir Spieler anschaue, die während meiner Tätigkeit als Trainer oder als Individualtrainer den nachhaltigen Durchbruch als Profis geschafft haben, und Spieler, mit denen ich selbst gespielt habe und die auch bei Topvereinen gelandet sind, so erkenne ich doch einige gemeinsame Merkmale. Dieser unbändige Wille, jedes Trainingsspiel gewinnen zu wollen, sogar Ballhalteformen und Positionsspiele erfolgreich abzuschließen, ist/war für sie kennzeichnend.

Die ständige Bereitschaft, an sich arbeiten und sich verbessern zu wollen, das schnelle Verarbeiten von Niederlagen und daraus zu lernen, sowie das große Vertrauen in die eigenen Qualitäten sind einige Attribute, die mir im Laufe der Jahre aufgefallen sind. Viele der Spieler konnten vor allem in jungen Jahren nur sehr schlecht mit Niederlagen umgehen, nach einem verlorenen Pflicht- oder sogar Trainingsspiel sollte man sie am besten in Ruhe lassen.

Ein wichtiger Faktor einer erfolgreichen Karriere, aber auch für die Phase des Übergangs ist Glück. Bleibt der Spieler von Verletzungen verschont? Welche Menschen und Einflüsse bestimmen seine Wege? Auf welche Trainer trifft er?

In diesem Zusammenhang bin ich auf einige interessante Aussagen des damaligen DFB-Sportdirektors Matthias Sammer gestoßen. Am 7. 11. 2015 sagte Sammer im *Tagesspiegel*:

„Siegermentalität hat mit den richtigen Maßnahmen zu tun."

„Wir wollen Siegermentalität bis zu den jüngsten Mannschaften fördern."

„Mit Motivation („Du kannst das") und positivem Zuspruch („Wenn nicht heute, dann nächstes Mal") kann man auch schon die 8-Jährigen anfangen zu prägen."

„Wir wollen den guten Menschen ausbilden, nicht nur den guten Fußballer."

„Der gute Mensch ist charakterstark, verantwortungsbewusst, zielstrebig, fair und er erkennt: Wenn es im Fußball nicht weitergeht, gibt es in meinem Leben Alternativen."

In diesem Zusammenhang möchte ich wesentliche Passagen eines Interviews mit dem Sportwissenschaftler und Experten für Sportpsychologie an der deutschen Sporthochschule Köln, Dr. Christian Zepp, das in der *Apotheken-Rundschau* vom 22. 06. 2015 erschienen ist, wiedergeben:

Was zeichnet einen Siegertypen aus?
Der Wille zu gewinnen und die Siegermentalität.

Siegertypen zeichnen sich weiters aus, indem sie Niederlagen wegstecken und sich dadurch nicht entmutigen lassen, nicht daran zerbrechen, nicht aufgeben, sondern weiterarbeiten.

Mit Niederlagen richtig umgehen – analysieren, warum man verloren hat und was man ändern kann, um beim nächsten Mal zu gewinnen.

Erfolgreiche Sportler setzen sich mit einer Niederlage auseinander, ziehen das Positive heraus und legen sie dann ad acta.

Gibt es das viel beschriebene Siegergen?
Die Fähigkeit, mit Rückschlägen zurechtzukommen, kann man besitzen oder sich aneignen – möglich ist beides.

Aus sportpsychologischer Sicht gibt es das Siegergen nicht. Das Siegergen, die Siegermentalität ist keine angeborene Eigenschaft. Man muss nicht schon im Vorhinein über die Siegermentalität verfügen, man kann sie entwickeln, nicht zuletzt mit der Hilfe von Sportpsychologen.

Letztendlich könnte sich jeder Sportler das geistige Rüstzeug eines Wimbledon-Siegers oder Weltmeisters zulegen?

Manche Athleten müssen dafür nichts oder nur sehr wenig tun, weil sie die Siegermentalität mitbringen; andere Sportler müssen viel investieren und brauchen die Unterstützung eines Sportpsychologen oder anderer hilfreicher Menschen, um zum Siegertyp zu avancieren. Am Ende aber können beide Typen erfolgreich sein.

Wie kann ich meine Ziele erreichen?

Um ein Gewinner zu werden, ist es ganz wichtig, Ziele zu formulieren. Leistungssportler müssen sich Gedanken machen,
_ *was sie erreichen wollen,*
_ *wann sie was erreichen wollen,*
_ *wie sie dahin kommen können.*

Die Ziele sollten SMART sein:
    Spezifisch
    Messbar
    Attraktiv
    Realistisch
    Terminiert

Dann kannst du ab einem bestimmten Zeitpunkt auch feststellen: Das habe ich jetzt geschafft. Um eine Siegermentalität zu entwickeln, ist es nötig, mit solchen „smarten" Zielen zu arbeiten. Der Athlet kann sich darauf fokussieren, jeden Tag, in jeder einzelnen Einheit.

Wenn man Nachwuchsathleten fragt, was ihre Ziele im Sport sind, können viele diese jedoch erst einmal nicht benennen. – Das zeigt, dass Eigenschaften, die Sieger brauchen, wie die Zielorientierung, nicht angeboren sind.

Welche Eigenschaften muss ein Sportler mitbringen, um Ziele Wirklichkeit werden zu lassen?

Um Ziele Wirklichkeit werden zu lassen, sind Eigenschaften wie Fleiß und Disziplin Grundvoraussetzung für Sportler. Man braucht aber auch eine innere Haltung, dass man nicht immer nur trainieren kann.

Pausen, Abstand und Zeit sind genauso wichtig und notwendig.

Viele Athleten tun sich schwer, die richtige Sport-Life-Balance zu finden. Sie machen keine Pause, weil ihnen das Vertrauen in sich selbst fehlt, weil sie glauben, dass sie dann schlechter würden, verlieren und hinter die Konkurrenz zurückfallen.

Um erfolgreich zu sein, sollten Sportler an sich glauben, sehr selbstsicher sein und das auch ausstrahlen. Wer Selbstvertrauen hat, denkt positiv und geht optimistisch in die Welt, was die Chance zu gewinnen enorm verbessert.

Erfolge sorgen für Selbstvertrauen und Selbstvertrauen sorgt für Erfolge. Erfolge zu haben, fördert den Glauben an sich selbst, der Siegertypen auszeichnet, das ist schon ein Kreislauf.

Aber nicht jeder ist von vornherein so erfolgreich wie der FC Bayern oder die DFB-Elf?

Das nötige Selbstvertrauen bei den Sportlern aufzubessern, gehört deshalb zu den wichtigsten Aufgaben von Trainern und Sportpsychologen.

Kann ein Trainer eine Siegermentalität „einimpfen"?

Der Trainer kann eine Siegermentalität in eine Mannschaft bringen, wenn er positiv ist und zeigt, dass er an sich und seine Trainingsinhalte glaubt und an die damit verbundene Leistungsentwicklung der Mannschaft.

Das überträgt sich auf die Spieler, sie entwickeln selbst den Optimismus, den es braucht, um erfolgreich sein zu können.

Diese soziale Ansteckung kann allerdings auch dazu führen, dass ein Team in eine Abwärtsspirale gerät.

Was müssen Athleten tun, um in entscheidenden Momenten nicht zu verkrampfen?

Der Druck kann Stress auslösen, der sich negativ auf Leistungen auswirkt. Erfolgreiche Sportler können mit diesem Druck umgehen, weil sie die entsprechenden Bewältigungsstrategien beherrschen. Solche Coping-Strategien und Stressregulationstechniken zu vermitteln, gehört deshalb auch zu den zentralen Aufgaben von Sportpsychologen.

Ein passendes Beispiel gibt es aus dem Tennissport.

Viele Tennisspieler nützen die Pause für folgenden Ablauf, der immer derselbe bleibt: Sie greifen nach dem Handtuch, bekommen 4 Bälle, wählen 2 aus, werfen 2 zurück und schlagen auf.

Ritualisierte Handlungsabläufe geben in Stresssituationen Sicherheit.

Ein weiteres wichtiges Mittel sind Selbstgespräche.
Dabei übt der Athlet vorab Sätze ein wie: „Ich freue mich, dass ich heute im Finale stehe." oder „Ich habe hart für diesen Moment trainiert und versuche mein Bestes zu geben." Im Wettkampf sagt er sich dann diese Sätze vor.

„Sport ist zu 90% mental und der Rest ist Kopfsache", sagt ein Olympiasieger und mehrfacher Weltmeister. Was sagen Sie dazu?
Manche sagen 70%, andere 25%. Ich würde sagen, die mentale Haltung macht etwa ein Drittel des sportlichen Erfolges aus.

Der Athlet kann noch so gut trainiert haben, technisch gut sein und körperlich 100%ig sein, aber wenn er im Wettkampf zittert oder nicht an sich glaubt, wird er keinen Erfolg haben. Umgekehrt natürlich dasselbe.

Um wirklich ein Siegertyp zu sein, braucht es das richtige Zusammenspiel zwischen körperlichen und psychologischen Faktoren.

Dem Spieler, der die Ambition hat, Profi zu werden, würde ich wünschen, dass er die Siegermentalität mitbringt. Wenn man als Trainer und Entwickler im Jugendbereich großes fußballerisches Potential erkennt, aber fehlende Mentalität ortet, geht es darum, den Sportler mit den o.g. Mitteln zu unterstützen, um ihm rechtzeitig die Möglichkeit zu geben, in diesem Bereich zu arbeiten und zu wachsen.

Je höher die Ausbildungsinstanz, desto mehr sollte sie durch Infrastruktur und Organisation dem Spieler auf dem Weg zum Profitum behilflich sein. Weiters komme ich wieder darauf zurück, den Spieler so früh wie möglich auf seine Eigenverantwortung hinzuweisen, alle Möglichkeiten zu nutzen, die der Verein bietet.

Um die bestmögliche Ausbildung zum professionellen Fußballer zu gewährleisten, sollten folgende Kriterien erfüllt sein:

_ Infrastruktur (Rasen, Kunstrasen, Halle, regenerative Einrichtungen, Schule bzw. Transport von und zur Schule, Kraftkammer, Ausrüstung)

_ Betreuer (hochqualifizierte Trainer und Pädagogen, Individualtrainer, Spartentrainer, Athletiktrainer, Psychologen etc.)

„Wenn Spieler keine Menschen wären,
würde ich nie verlieren." (Marcelo Bielsa)

Zur positionsspezifischen Ausbildung will ich Folgendes anmerken:
Positionsspezifische Anforderungen werden aus dem Spielsystem abgeleitet und ins Positionstraining umgeleitet, danach wird in wettspielgemäßen Räumen geübt. Positionstechniken werden am besten durch viele Wiederholungen automatisiert.

Jede Position hat ihr Anforderungsprofil, an sie werden gewisse Erwartungen gestellt.

Selbst auf den einzelnen Positionen gibt es verschiedene Spielertypen. Habe ich Robben oder Ribery auf der Seite oder setzte ich einen Außenbahnspieler wie Götze oder Müller ein?

Es kommt sehr auf die Spielidee und auch auf die Vereinsphilosophie an, für welchen Typ der Trainer sich entscheidet. Doch bleiben gewisse technische Fertigkeiten und taktische Fähigkeiten auf den einzelnen Positionen als Basis für einen erfolgreichen Werdegang dieselben.

Spätestens ab der U16 bis zur Zweitvertretung sollte einmal pro Woche mit den Toptalenten ein Positionstraining stattfinden. Es sollte Nachhaltigkeit haben und kann gewiss mannschaftsübergreifend trainiert werden. Ich denke, es ist sogar eine Bereicherung, wenn die jüngeren Spieler sich von den älteren etwas abschauen können, oder vielleicht sogar umgekehrt.

Nehmen wir als Beispiel noch einmal den Außenbahnspieler: Schnelligkeit, Dribbling, Fintieren, gutes Passspiel, Abschluss aufs Tor sind die Positionscharakteristiken, die für den Außenbahnspieler unabdingbar sind. Hinzu kommen natürlich die taktischen Fähigkeiten.

Es geht um die Spezialisierung auf einer Position, d.h. der Spieler übt in seiner Spielposition die Techniken, die er für sein Spiel braucht, immer wieder.

Der Leitsatz heißt: „Das Spiel ist der beste Lehrmeister." Für die Technik- und Positionstrainer bedeutet das, Situationen aus dem Spiel herauszufiltern, im Idealfall mittels Videoanalyse, und ins Training einzubauen.

„Du trainierst, um zu spielen, und spielst, um zu trainieren"

Wichtig im Positionstraining sind viele Wiederholungen von variablen Lösungen, damit die Spieler im Pflichtspiel unter Druck auf automatisierte Abläufe zurückgreifen können.

Weiters erachte ich es als sinnvoll, vor allem wenn man in einem Training mit verschiedenen Altersgruppen arbeitet, dass es nicht unbedingt zu 1:1-Situationen und Zweikämpfen kommen sollte.

Die technische Ausführung und die Anzahl der Wiederholungen sollten im Vordergrund stehen.

Individualtraining und Betreuung des Spielers

Unter dem Begriff Individualtraining verstehe ich, dass der Spieler begleitet und gezielt in den Bereichen arbeitet, in denen er Defizite aufweist. Dies kann von ihm selbst ausgehen oder auch von den Trainern angeregt werden.

Ein Verein, der auf optimale Ausbildung Wert legt, ist in der Pflicht, auch diesen Bereich abzudecken. Meiner Meinung nach gehören ein Mentaltrainer oder Psychologe, ein Athletiktrainer und ein im Fußballsport versierter Physiotherapeut unbedingt dazu.

Im Idealfall findet das Individualtraining in der trainingsfreien Zeit statt, klarerweise abgestimmt mit dem Mannschaftstraining.

Als Vorbild können hier die amerikanischen Profiligen NBA oder NFL dienen, wo am Vormittag jeder Sportler gezielt an seinen Defiziten arbeiten kann und am Nachmittag dann ausschließlich mit der Mannschaft trainiert wird.

Für die Erziehung des jungen Sportlers ist es sehr sinnvoll, wenn er sich selbst Gedanken machen muss, welchen Bereich er für sich zu verbessern hat, und dies auch selbst bewerkstelligen muss.

Wir alle wollen mündige, junge Sportler, deshalb sollten wir auch die Eigenverantwortung in ihnen wecken. Sie sollen lernen, selbständig zu handeln und zu denken, und wir müssen ihnen das auch zutrauen.

Die Phasen, in denen sie Hilfe brauchen und geführt werden müssen, gilt es zu erkennen. Die Sportler müssen natürlich spüren, dass jemand für sie da ist, falls es einmal – in welchem Bereich auch immer – nicht so läuft.

Ich habe den Eindruck, dass wir die Burschen allzu sehr „berieseln", sowohl schulisch als auch auf dem Fußballplatz.

Wir müssen ihnen vermitteln, dass sie für ihr Tun und Handeln selbst verantwortlich sind, denn das ist es doch, was sie im Leben und auch auf dem Fußballplatz am meisten brauchen – selbständiges Handeln und Finden von Lösungen.

Individualtaktik, Gruppentaktik, Mannschaftstaktik:
Die individualtaktische Ausbildung erfolgt mittels Videoanalyse oder direkt auf dem Platz im Mannschaftstraining durch korrigierendes Eingreifen der Trainer.

Die gruppentaktische und mannschaftstaktische Detailarbeit müsste ab der U16 stattfinden, es müssen auch die Trainer dementsprechend ausgebildet sein, um das nachhaltige Erlernen eines taktischen Verhaltens in den verschiedenen

Phasen des Spiels gewährleisten zu können. Ich meine, dass ein 18-jähriges Talent das notwendige taktische Wissen und Verhalten erlernt haben muss, um in einem Training mit der Zweitvertretung oder der „Ersten" bestehen zu können.

Unzweifelhaft ist das richtige taktische Verhalten auf der jeweiligen Position eines der Geheimnisse einer erfolgreichen Ausbildung und eines flüssigen Übergangs in den professionellen Fußball. Erleichternd sind natürlich eine gemeinsam praktizierte Spielphilosophie innerhalb des Klubs und die gemeinsam ausgearbeiteten Anforderungsprofile für die verschiedenen Positionen.

FC Barcelona – Besonderheiten

Die Spielphilosophie als roter Faden von der Nachwuchsmannschaft bis zur Profiabteilung – Mes que un Club

Ausschlaggebend für den seit Jahrzehnten erkennbaren Spielstil waren Rinus Michels und vor allem Johan Cruijff, zuerst als Spieler, dann als Trainer. Cruijff holte in 8 Jahren als Barca-Coach 29 Spieler in die erste Mannschaft. Bis zu seiner Ankunft hatten es nur wenige Spieler in die erste Elf geschafft. Viel wichtiger als die Titel und Statistiken aber war für den Klub und Katalonien die Veränderung des Spielstils. Es wurde wieder nach vorne, attraktiv und mit viel Kreativität Fußball gespielt. Barca hatte seine Identität durch Cruijff zurückgewonnen und Katalonien seinen Stolz, in der für den Klub sehr komplizierten Phase des Franco-Regimes. Cruijffs Philosophie als Spieler und Trainer übertrug sich bis in den Nachwuchs und prägte die Ausbildungsphilosophie des Vereins. Die Grundbausteine des bis heute anhaltenden Erfolges wurden von Cruijff initiiert und sind heute noch allgegenwärtig.

Seit Cruijff wird das Spielsystem 4-3-3 praktiziert.

Schon bei den Kleinsten beginnt man mit Spielformen, die auf dieses System abzielen. Die Jüngsten spielen 4:4 in der Raute, die Älteren 7:7 im 3-3-1-Spielsystem, um schlussendlich im 11:11 das 4-3-3 praktizieren zu können. Immer wieder wird nach dem Prinzip der „killing thousand triangles" trainiert und gespielt, um den Übergang in die nächste Altersklasse zu vereinfachen. Cruijff:

„Es interessiert hier nicht, wie kräftig ein Junge ist, wie lange er rennen kann; – nur, was kann er mit dem Ball? Darauf ist die ganze Ausbildung ausgerichtet. Technisch einmalige Spieler hervorzubringen – Barca lehrt nicht kräftig, sondern intelligent zu sein. Mindestens 50% sollen, so ist das Ziel, in der eigenen Jugendabteilung ausgebildet sein."

Bis zum 16. Lebensjahr gibt es kein Krafttraining oder Lauftraining; Kraft, Ausdauer und Schnelligkeit werden durch ein exzessives Training mit dem Ball verbessert. Ein weiterer beachtenswerter Punkt ist, dass die Sprösslinge nicht nur den Umgang mit dem Ball lernen, sondern sie bekommen auch Werte für das alltägliche Leben außerhalb des Fußballfeldes mit. Sie sollen sich mit dem Verein identifizieren und erhalten den „Barca-Stempel". Im Falle, dass sie es nicht bis zur ersten Mannschaft schaffen, bleibt ihnen der Stolz, ein Teil dieser großen Familie zu sein und enorm viel, nicht nur für die fußballerische Ausbildung, sondern auch für das Leben gelernt zu haben. Vorteilhaft ist für Barca-Schüler, dass der Klub ein Stipendium bezahlt, wodurch für die Spieler keinerlei Kosten entstehen.

Einen weiteren interessanten Denkansatz in der Ausbildung gibt es seit Pep Guardiolas Amtszeit als Barcelonas B-Coach (2007–2008). Das B-Team wird in „Perlen" (Spieler, die aus der eigenen Jugend kommen und in maximal 2 Jahren den Sprung in die erste Mannschaft schaffen sollen) und in „Rückgrat-Spieler" (Spieler, die schon mindestens 2 Jahre im B-Team sind und die jungen Talente mit ihrer Erfahrung unterstützen sollen) unterteilt.

Aus eigener Erfahrung als Spieler und als Trainer weiß ich, dass in bestimmten Phasen des Spiels, im täglichen Training und während einer Meisterschaft ein paar erfahrenere Spieler den ganz jungen gut tun und Reife- und Lernprozess fördern. Vor allem die Sichtweise, dass es sich bei diesen Spielern nicht um Ex-Profis, sondern um gleich ausgebildete Spieler handelt, die den Sprung noch nicht geschafft haben, aber gleich die nächste Aufgabe erhalten haben, für die Familie weiterzuarbeiten, ist mehr als einleuchtend.

Das Barca-System ist vom Cheftrainer oder Präsidenten unabhängig. Die Philosophie bleibt immer bestehen, und zwar Spieler auszubilden, die dann in der ersten Mannschaft debütieren können. Um dieses System aufrechtzuerhalten, beschäftigt der FC Barcelona mittlerweile 50 Scouts, die gezielt Aussicht halten nach schnellen, wendigen und technisch versierten Spielern, die später auch zu Abwehrspielern umfunktioniert werden können.

Die Barca-Anhänger, genannt Socios, mögen das System und wollen, dass das Team dieser Philosophie folgt.

„Es ist wichtig, dass die Fans und Mitglieder sich mit dem Spielstil identifizieren. Wenn das nicht der Fall ist, hast du ein Problem. Das System zu kopieren, ist einfacher gesagt, als getan. Andere Ausbildungssysteme haben wahrscheinlich genauso viele Talente, aber wenn du sie nicht in die erste Mannschaft lässt, kommst du nirgends hin", ist die nüchterne Analyse von Albert Puig, einem langjährigen ehemaligen Akademie-Coach.

Nun noch einige beeindruckende Fakten zur jüngeren Vergangenheit des FC Barcelona:

_ Im Champions League-Siegerjahr 2009 standen sieben Spieler von „la masia" (Name der Akademie) in der Startelf.

_ Der Barca-Stil des letzten Jahrzehnts war für Spanien „Futbol y Arte" (Fußball und Kunst) und beeinflusste maßgeblich auch die spanische Nationalelf.

_ In der Saison 2009/2010 wurde Barca mit 10 Spielern aus der eigenen Jugend Meister.

_ „La masia" will die Liebe zum Spiel vermitteln.

_ Messi, Iniesta und Xavi sind drei verschiedene Spielertypen, doch haben sie eines gemeinsam:
Sie genießen ihr Spiel und bereiten jedem Zuseher mit ihrer Art, Fußball zu spielen, „großes Kino".

_ Darum verwundert es auch wenig, dass sie 2010 bei der Wahl zum FIFA-Weltfußballer zur Nummer 1 (Messi), 2 (Xavi) und 3 (Iniesta) gewählt worden sind.
Sie erklärten, dass jeder Einzelne seinen Anteil am Erfolg

des anderen hätte, Messi widmete seinen ersten Platz seinen Mitspielern Xavi und Iniesta.

_ Bescheidenheit und Demut sind offensichtlich weitere Merkmale der Institution „Barca".

Die Wichtigkeit einer gemeinsamen Spielphilosophie und Identität steht für mich außer Frage und sollte manifestiert, verinnerlicht und gelebt werden. Bevor ein Klub seine Spielphilosophie entwickelt, sollte er seine Geschichte durchleuchten, die Erwartungshaltung der Fans in Betracht ziehen und die Mentalität und Kultur der Menschen in der Region analysieren. Nicht überall auf der Welt wird der „Barca-Stil" der gewünschte Spielstil eines Klubs oder seiner Fans sein.

Vergleicht man zum Beispiel die Klubs FC Barcelona (Mittelmeer-Metropole), Schalke 04 (Ruhrpott) und FC Liverpool (Hafenstadt), so liegt es auf der Hand, dass nicht alle drei Vereine dieselbe Spielphilosophie praktizieren werden. Die Vielfältigkeit dieses Sports macht ihn eben so attraktiv und beliebt.

„How to save the english player" –
England auf dem Weg zum Ausbildungsland

Status Quo

Das finanzielle Potenzial der englischen Premier League spiegelt sich auch in der Anzahl der eingesetzten Eigenbauspieler bzw. englischen Spieler wider. Inzwischen probiert die FA dieser Entwicklung entgegenzuwirken und hat 2014 das Projekt „How to save the english player" ins Leben gerufen. Die FA will eine „english player quote" einführen, um dem heimischen Spieler wieder mehr Chancen auf Spielzeit zu geben.

Eine Statistik der Saison 2013/14 beweist den Handlungsbedarf der FA:

_ Die Großklubs Arsenal, Chelsea, Manchester United, Tottenham und Manchester City haben die meisten ausländischen Spieler eingesetzt.

_ Hauptlieferant der Legionäre war Frankreich, gefolgt von Spanien und Argentinien.

_ Die Top Acht-Klubs setzten 44 Neuverpflichtungen ein, 33 davon waren Ausländer.

_ Ein Viertel der 373 Legionäre hat in der Saison 2013/2014 weniger als 10 Spiele absolviert, 93 Spieler konnten also die hohen Erwartungen nicht erfüllen (Langzeitverletzte ausgenommen) und belasteten bei so manchem Verein das Budget.

_ In der Saison 2013/14 betrug die Spielzeit englischer Spieler nur 36,08 Prozent.

_ 2013/14 haben nur 5!! Engländer an allen 38 Spielen ihres Vereins teilgenommen.

_ Der inzwischen aus der Premier League wieder abgestiegene Klub FC Burnley setzte 13 englische Spieler ein und nur einen Spieler ohne UK-Status.
_ Chelsea, Stoke City und Manchester City vertrauten jeweils nur drei Engländern.

Waren es in der Saison 2013/14 noch 36,08 Prozent englische Spieler, die zum Einsatz kamen, waren es 2014/15 nur noch 35%. Am ersten Spieltag der Saison 2016/17 kamen nur 33,2 % englische Spieler zum Einsatz, das sind 73 von 220 Spielern, die in der Startaufstellung begonnen haben. *„Das ist kein schlechter Wert"*, meint Greg Dyke, FA-Chairman, aber im Vergleich zu den anderen europäischen Topligen entschieden zu wenig.

Spanien war Spitzenreiter bezüglich der Anzahl eingesetzter einheimischer Spieler mit 58%, gefolgt von Frankreich mit 56%, Deutschland mit 50% und Italien mit 43%.

Für mich persönlich sind das Lippenbekenntnisse der FA.

In Wirklichkeit kann die FA den finanzkräftigen Premier League-Clubs keine Vorschriften machen, was den Einsatz von englischen Spielern betrifft. Solange es bei den Klubs selbst kein Umdenken gibt, frage ich mich, warum überhaupt in die Ausbildung von Spielern investiert wird, wenn diese nicht zum Zug kommen.

Es gibt zwar Ideen und konkrete Vorschläge der FA, doch die Klubs haben ein zu gewichtiges Mitspracherecht, sodass eine Verbesserung der Engländer-Quote in weite Ferne gerückt ist.

Meines Erachtens kann als Erfolg der Liga gewertet werden, dass man mit vier Clubs in der Champions League vertreten ist. Das ist weniger der gelungenen Ausbildung von Spielern zu verdanken als vielmehr der finanziellen Kapazität der Premier-Klubs.

Initiativen und Ziele

Ziel der FA ist es, dass bis 2022 45% der Premier League-Spieler wieder Engländer sind. Auf diesem Level befand man sich das letzte Mal in der Saison 2000. 1995 lag die Beteiligung englischer Spieler noch bei 69 Prozent.

Man will diese Quote mit dem folgenden 4-Punkte-Plan erreichen:

1. Die Legionärsanzahl bei den Premier League B-Teams soll von maximal 17 auf maximal 12 gesenkt werden.
2. Es werden Nationalteameinsätze von Ausländern eingefordert.
3. Es sollen strategische Leih-Partnerschaften für Spieler in der Premier League eingeführt werden.
4. Die FA will härtere Visa-Kontrollen durchführen.

Wie hoffnungslos die Lage immer noch ist, beweist eine Aussage von Glenn Martin (Chief Executive). Er fordert mehr Durchsetzungsvermögen vom englischen Spieler und die Möglichkeit nicht außer Acht zu lassen, auch einmal im Ausland zu spielen. Wieder wird der Bogen nach Holland gespannt, denn er meint:

„Sie produzieren viele talentvolle Spieler, die überall auf der Welt Fußball spielen. Es ist ein fantastischer Export für Holland."

Auswirkungen

Weil die besten Spieler in der Premier League spielen, schauen immer mehr Menschen die Spiele im Fernsehen. Das bedeutet, dass die Fernsehgelder in die Höhe schnellen und den Clubs mehr Geld übrigbleibt. Die Premier League bewegt sich in diesem Teufelskreis seit 15–20 Jahren.

Es bleibt abzuwarten, wie stark die FA gegen die Mechanismen der freien Marktwirtschaft und der Kommerzialisierung des Fußballs ihre Ideen durchsetzen kann. Das Geld ist ein treuer Freund des englischen Klubfußballs geworden und hat sich dadurch zum Feind der Nationalmannschaft und des englischen Spielers entwickelt.

Dieser Vergleich lässt sich auch für viele postkommunistische Länder anstellen. Russland und Rumänien sind Beispiele dafür, dass Geld, Privatisierung und hohe Gehälter, die meistens von Oligarchen und von geltungsbesessenen Emporkömmlingen bezahlt werden, nicht immer ein Geschenk sind, sondern sich auch zu einer großen Last entwickeln können. Auch diese Ligen sind mit ausländischen Spielern überschwemmt. Der vor Ort ausgebildete Spieler in diesen Ländern, der es bis zum Profi geschafft hat, hat ob seines gewonnenen Status – im Gegensatz zu vergangenen Tagen – nicht mehr das Ziel, ins Ausland zu wechseln.

„Kinder brauchen keine Fußballtrainer, sondern Fußballlehrer" (Johan Cruiff) – Ein Resümee

In der Ausbildung der Jugendlichen und in den Schnittstellen müssen Top-Leute/„Fußballlehrer" für die jeweiligen Altersklassen tätig sein und sich als bekennende Spielerentwickler sehen. Sie müssen sich zu 100% mit dieser Aufgabe identifizieren. Für die Vereine – falls sie sich als Ausbildungsverein deklarieren – heißt das, in diesen Bereichen zu investieren, den Trainern über einen längeren Zeitraum die finanzielle Sicherheit zu geben, sich als „Entwickler" sehen zu können.

Ambitionen des Trainers, durch resultatorientierten Fußball einen besseren oder „höheren" Posten zu bekommen, stehen der Entwicklung hierbei im Weg. Im Idealfall sieht sich der Trainer als Lehrer, der die Kinder lehrt, das Spiel zu verstehen.

Für mich bleibt entscheidend, wie und in welchem Alter der Spieler nach den verschiedenen Schnittstellen in der Fußballakademie und im Amateurverein den Schritt in den Männerfußball meistert. Es gilt jedoch zu beachten, dass genügend Spieler auch noch später und über „Umwege" zum Fußballprofi avancieren können. Ich betrachte das gern als Endziel, das der Spieler auch bei Rückschlägen im Auge behalten muss. Der Glaube an sich selbst und das eigene Können sind hier unabdingbar.

Der Spieler selbst muss auf mentaler und sportlicher Ebene vieles mitbringen, es liegt jedoch an den Wegbegleitern, den Trainern, Defizite früh zu erkennen, um intervenieren und unterstützend arbeiten zu können. Die Fußballschulen und Akademien sind in vielen Belangen eine tolle Errungenschaft. Doch finde ich, dass trotz der Ausbildungsvorgaben und Ziele des ÖFB den Vereinen weiterhin die Möglichkeit gelassen werden sollte, ihre eigenen Ideen und Prinzipien einzubringen, um der Vielfalt und den verschiedenen Wegen der fußballerischen Ausbildung Platz zu gewähren. Unabhängig von handelnden Personen sollte der Verein eine Philosophie entwickeln und dieser treu bleiben. Hierbei sollte es für den Klub selbstverständlich sein, sich selbst und den eingeschlagenen Weg jederzeit zu reflektieren, wie man es auch von den Spielern verlangt.

Als professionelle Fußballvereinigung sollte man auch weiterhin den für heutige Verhältnisse unüblichen Weg zulassen. Man sollte das Scouting überdenken und von den verschiedenen Werdegängen und Entwicklungen des Einzelnen lernen wollen.

Mein Ansatz wäre hier, schon in den Volksschulen zu scouten, nach Bewegungstalenten Ausschau zu halten und einen engen Kontakt mit den Turnlehrern der Schulen zu pflegen, weil gerade sie tagtäglich mit den Kindern arbeiten. Kostenersparnisse wären eine angenehme Begleiterscheinung, außerdem könnte man Kompetenzen anderer nützen.

Der Wechsel ins Ausland sollte nicht so früh wie möglich, sondern zum richtigen Zeitpunkt erfolgen. Dies ist für mich als die Schnittstelle in den internationalen Topfußball zu sehen.

Zum Abschluss möchte ich noch einmal die für mich wichtigsten Punkte, die die Schnittstellen betreffen, zusammenfassen:

_ Scouting in den Landes- und Regionalligen

_ Talentesuche über Sportlehrer in der Schule

_ Installation von „Fußballlehrern" in der Ausbildung der Kinder und Jugendlichen

_ Didaktischer Ansatz: Fußball in seinen Grundstrukturen über Trainingsmaßnahmen verstehen lernen

_ Entwicklung des Spielers als Persönlichkeit

_ Erarbeiten von alternativen Perspektiven

_ Besondere Beachtung retardierter Spieler

_ Analyse sozialer Bedingungen (Ansatz: „Nicht der Spieler ist das Problem, sondern seine Probleme sind es!")

_ Leistungsadäquater Einsatz von Spielern mit herausragenden fußballtechnischen Fertigkeiten bzw. fußballtaktischen Fähigkeiten

Rolf Martin LANDERL

Geburtsdatum: 24.10.1975 in Wien
Nationalität: Österreich
Familienstand: verheiratet, drei Kinder
Wohnort: Deutschland
Sprachkenntnisse in Wort und Schrift: Deutsch, Englisch, Portugiesisch, Slowakisch, Holländisch, Spanisch

Ausbildung

2008	Kinder- und Jugendtrainer, Wien/Österreich
2010	Fitness und Personal Trainer, Hamburg/Deutschland
2010	UEFA B-Lizenz, Deutschland
2012	UEFA A-Lizenz, Österreich
2014-2016	UEFA Profi-Lizenz, Österreich

Trainerstationen

2010–2011	Jugendtrainer beim VfB Lübeck und Individualtrainer der Jugendmannschaft des Vfb Lübeck (D)
2011	FC Admira Wacker, Trainer U17/U18, Individualtrainer Admira Juniors
2012–2013	Spielertrainer SV St. Margarethen (4. Liga)
2013–2016	FC Admira Wacker Juniors (3. Liga)
Seit 2016	VfB Lübeck (4. Liga)
2018–2019	war der VfB Lübeck die Mannschaft mit der besten Abwehr in allen vier höchsten Ligen Deutschlands. Weiters hat der Verein den SHV-Ligapokal (Einzug DFB Pokal) gewonnen.

Fußballkarriere

Zeitraum	Club	Liga	Ort
1994–1997	Inter Bratislava	1. Liga	Slowakei
1997–1999	AZ Alkmaar	1. Liga	Niederlande
1999–2002	Fortuna Sittard	1. Liga	Niederlande
2002–2004	FC Groningen	1. Liga	Niederlande
2004–2005	FC Penafiel	1. Liga	Portugal
Herbst 2005	FC Sopron	1. Liga	Ungarn
Frühjahr 2006	Nordea Admira	1. Liga	Österreich
2006–2007	GAK	1. Liga	Österreich
2007–2008	VfB Admira Wacker Mödling	2. Liga	Österreich
2008–2009	DAC Dunajska Streda	1. Liga	Slowakei
Frühjahr 2009	ASK Schwadorf	2. Liga	Österreich
2009–2011	VfB Lübeck	3. Liga	Deutschland
2011–2013	St. Margarethen 1 ½ Jahre Spieler, ½ Jahr Trainer	4. Liga	Österreich

Titel

1994–1995 Pokalsieger mit Inter Bratislava, Slowakei

1997–1998 Meister mit AZ Alkmaar, Niederlande

2001–2002 Bester Spieler von Fortuna Sittard, Niederlande

Meine Trainer- und Spielerphilosophie

Durch meine jahrelange Erfahrung als Spieler in den verschiedensten Ländern hatte ich die Möglichkeit, diverse Spielphilosophien, Sprachen, Kulturen und Mentalitäten kennenzulernen.

Meine größte Herausforderung und Freude sehe ich darin, die Spieler zu entwickeln, zu verstehen, ein Team zu formen und einen erkennbaren Spielstil zu kreieren.

Einen besonderen Wert lege ich auf Disziplin, Laufbereitschaft, Mut und Teamspirit. Ich will meine Mannschaft attraktiv, mit viel Ballbesitz, nach vorne – und das gepaart mit schnellem Umschalten in beide Richtungen – agieren lassen.

Ich bemühe mich, mich immer weiterzuentwickeln und nach neuesten Erkenntnissen zu arbeiten.

_ TORWARTTRAINING VCK33

Grundsätzliche Überlegungen zur technisch-taktischen Ausbildung eines aktiv-offensiven Torwarts im Kinder- und Jugendbereich

Von Walter Franta

Kinder zu trainieren ist eine sehr dankbare, aber auch eine sehr verantwortungsvolle Aufgabe. Darum müssen Trainer, die im Kinder- und Jugendbereich arbeiten, eine sehr spezielle, fundierte und qualifizierte Ausbildung durchlaufen, um den Ansprüchen des Kinder- und Jugendbereichs gerecht zu werden!

Visualisieren • Coachen • Kontrollieren

Torwarttraining *VCK33*

Grundsätzliche Überlegungen zur technisch-taktischen Ausbildung eines aktiv-offensiven Torwarts im Kinder- und Jugendbereich

Von Walter Franta

Vorwort

Das Torwartspiel war für mich als Kind schon sehr aufregend und hat mich gleichzeitig in seinen Bann gezogen hat. Torhüter wie Michael Konsel, Herbert „Funki" Feuer oder Harald „Toni" Schumacher haben mich immer schon fasziniert! Ich wollte immer diesen Idolen nacheifern, wollte so sein wie sie.

1985 wurde mein Traum wahr, ich wurde zu einem Probetraining in die Südstadt zum Bundesligisten Admira-Wacker eingeladen. Das Probetraining habe ich ohne Schwierigkeiten bestanden und durfte ab diesem Zeitpunkt unter den damals sehr guten Bedingungen, Admira-Wacker war zu diesem Zeitpunkt der beste Ausbildungsverein in Österreich, meine Torwartausbildung beginnen. Damals war ich 12 Jahre alt, schaute oft dem Torwarttraining bei der ersten Mannschaft zu und hoffte, bald in den Genuss eines solchen Torwarttrainings zu kommen!

Es gab im Nachwuchs leider keinen Torwarttrainer, der sich dieser speziellen Ausbildung annahm. Die Torhüter mussten sich zum Großteil immer selbst aufwärmen und wurden oft auf die Seite geschoben, wenn sie den Mannschaftstrainern nicht in das Trainingskonzept gepasst haben.

Je älter ich wurde, desto bewusster wurde mir, dass nur ein gezieltes Torwarttraining mich verbessern kann. Als ich dann mit 15 Jahren das erste Mal ein Torwarttraining mit der ersten Mannschaft mitmachen durfte, war mir klar, das brauche ich regelmäßig, das bringt mich weiter. Leider waren diese Trainingseinheiten nur ganz selten für mich zugänglich.

Ich habe immer nach Ausbildungskonzepten und Torwarttraining-Literatur gesucht, aber nie etwas gefunden, das mich befriedigt hat. Ich durfte 3 Trainingseinheiten bei Franz Pelikan absolvieren, der mich gelehrt hat, den Ball diagonal nach vorne anzugreifen, von diesen 3 Trainingseinheiten habe ich bis zum Schluss meiner Karriere profitiert.

Leider habe ich im „goldenen" Lernalter keine torwarttechnische Ausbildung genießen dürfen, alles habe ich mir selber beibringen müssen.

Als ich Torwarttrainer in der Akademie bei Admira-Wacker wurde, musste ich einen Ausbildungsplan erstellen und aus diesem entstand *VCK33*.

Ich möchte diesen Ausbildungsansatz und meine Erfahrung einfach an alle Torwarttrainer und Torhüter weitergeben, damit ihnen ein ähnliches Schicksal wie meines erspart bleibt.

Die Torwartschulen schießen wie die Pilze aus dem Boden! Viele Trainer in diesen Torwartschulen haben weder eine Trainerausbildung noch können sie mit Kindern richtig umgehen. Gute Torwart-Trainer im Kinder- und Jugendbereich sind Mangelware!

FIFA und UEFA haben aus diesem Grund eine eigene Torwarttrainer-Ausbildung ins Leben gerufen.

Da die Ausbildung von Kindern und Jugendlichen eine sehr verantwortungsvolle ist, muss diese in die Hände von Fachpersonal gelegt werden. Die Priorität ist, dem Kind zu helfen, seine Sportart zu erlernen und das Gelernte im Wettkampf umzusetzen.

Zwei wesentliche Punkte werden sehr oft verwechselt und behindern eine reibungslose Ausbildung: Systematik und Methodik. Ihnen wird in **VCK33** eine große Bedeutung beigemessen, um 33 Torwart-Techniken richtig zu erlernen, zu optimieren und zu stabilisieren, ohne auf eine polysportive Ausbildung zu vergessen. Sie haben den aktiv-offensiven Torwart zum Ziel.

Dieses Kapitel soll Kinder- und Jugendtorwarttrainern helfen, Trainingsansätze zu verstehen, Trainingseinheiten zu planen und Torwart-Techniken/Taktiken verbal und methodisch richtig anzuleiten. In „**VCK33**. Ein österreichischer Weg zum aktiv-offensiven Torwart" sind diese Überlegungen verankert. Torhüter wie Jörg SIEBENHANDL, Andreas LEITNER, Manuel KUTTIN und Daniel BACHMANN sowie die Torfrauen bei der EM 2017 in Holland profitierten von diesem Ausbildungskonzept.

Welches Basiswissen ist für das Kinder- und Jugendtraining von Bedeutung?

Es ist enorm wichtig, einen ROTEN FADEN für die Ausbildung von Kindern und Jugendlichen in den Händen zu haben.

VCK33 bietet diesen!

Günter Gasselich und Walter Franta unterscheiden:

Das IDEALBILD

beschreibt eine Torwart-Technik in ihrer Vollkommenheit,
die es anzustreben gilt. Dadurch
ist es möglich, Coachingpunkte
und Kontrollpunkte zu generie-
ren, um die Torwart-Technik
lehrbar und überprüfbar zu
machen.

Das TRAININGSBILD

unterscheidet sich natürlich vom Idealbild und hängt nicht
unwesentlich vom Leistungsvermögen und vom Leistungsstand des Torhüters ab.

Das WETTKAMPFBILD

einer Torwart-Technik offeriert sich erst im Spiel und wird oft vom Charakter des Torhüters mitbestimmt, der unter Wettkampfbedingungen eine Spielsituation zu lösen versucht.

Brauchen wir ein IDEALBILD?

Drei der 33 TW-Techniken werden beispielhaft in diesem Kapitel dargestellt, die Coaching- und Kontrollpunkte sollen eine gemeinsame Sprache fördern und die fachliche Kommunikation zwischen Trainer und Torwart erleichtern.

Können strukturierte Organisations- und Übungsformen helfen?

VCK33-Broschüren stellen eine Sammlung von Organisations- und Übungsformen dar, die in kombinierter und komplexer Form die taktische Ausbildung des aktiv-offensiven Torwarts gewährleisten sollen.

Welche Bedeutung hat der Trainer im Kinder- und Jugendbereich?

„Trainer – Coach – Betreuer – Freund = TORWARTLEHRER"

Mit Kindern zu arbeiten ist ein Privileg und man sollte ganz behutsam an diese Aufgabe herangehen! Es ist **nicht JEDER geeignet** für diese Aufgabe, man braucht viel Geduld und man sollte die Arbeit mit Kindern und Jugendlichen wirklich LIE-BEN, denn im Jugendbereich steht nicht der Trainer im Mittelpunkt, sondern **das KIND!**

Man ist Trainer/Coach, der die Kinder das Torwartspiel lehren soll. Man ist aber auch Freund, Vertrauter und oft erster Ansprechpartner für Probleme, die Kinder- und Jugendliche während der Pubertät haben. Stößt man an seine pädagogischen Grenzen, dann sollte man Fachpersonal zu Rate ziehen, um helfen zu können! Hier sieht man, wie breit gefächert das Aufgabenfeld eines Kinder- und Jugendtrainers ist und wie ausgeprägt seine Fach-, Sach- und Sozialkompetenz sein muss, um mit Kindern und Jugendlichen arbeiten zu können. Dazu ist es von Bedeutung, dass sich der Trainer regelmäßig fortbildet, nicht nur als Torwarttrainer, dass er auch „querdenkt" oder sich dem universitären Wissen nicht verschließt, um auf dem neuesten Ausbildungsstand zu bleiben.

Welche Ziele werden in der Ausbildung verfolgt?

Der Torwart soll technisch, taktisch, physisch und psychisch zu einem mündigen, leistungsorientierten Spieler ausgebildet werden! Hier wird der Ansatz verfolgt, möglichst wenig falsch machen zu wollen, da man wohl nicht immer alles richtig machen kann!

Es ist wichtig, ein ganzheitliches Ausbildungskonzept zu verfolgen, um den Ansprüchen gerecht zu werden.

Hat der Trainer die alleinige Verantwortung, den Spieler verletzungsfrei durch die gemeinsame Zeit zu bringen?

Natürlich nicht!

Auch der Spieler hat die Verantwortung, alles dafür zu tun, seinen Körper bestmöglich auf Belastungen vorzubereiten.

Darum ist es wichtig, in der Ausbildung STEP BY STEP die Spieler den Umgang mit ihren körperlichen Ressourcen zu lehren und bestimmte Trainingsschwerpunkte in die Hand des Spielers zu legen, um die Zeit auf dem Platz intensiv nutzen zu können. Wir wollen **MÜNDIGE SPIELER!**

„Was du nicht willst, das man dir tut,
das füg' auch keinem andern zu!"

Wenn man diese *goldene REGEL* auch in der Ausbildung anwendet, macht man schon viel richtig.

Beachte die folgenden Punkte, und deine Arbeit gewinnt nachhaltig Qualität:

_ Hol eine ärztliche Bestätigung ein, dass dein Schützling bei voller Gesundheit ist.

_ Achte bei Wachstumsschüben auf die Trainingsdosierung. Weniger ist oft mehr!

_ TIPP: regelmäßige Bestimmung der Körpergröße!

_ Die Menstruation beeinflusst das Bindegewebe der Mädchen. Belastungen müssen gut vorbereitet sein.

_ Mit Kindern sollte über einen längeren Zeitraum kein hochlaktazides Training durchgeführt werden.

_ Fördern durch Fordern! Ständige Überforderung sollte vermieden werden.

_ Beobachte gut! Bewegungstechnische Defizite können so rechtzeitig erkannt werden.

_ Kein Training, kein Spiel bei Verletzungen oder Krankheit!

_ Nimm dich um Probleme deiner Spieler an, aber erwarte nie eine Gegenleistung!

_ Plane deine Trainingseinheiten, bleibe aber flexibel!

_ Dokumentiere gut, damit du immer wieder auf deine Aufzeichnungen, sie sind dein Erfahrungsschatz, zurückgreifen kannst!

Ist eine polysportive Ausbildung wichtig?

Eine vielseitige Ausbildung ist für jeden Sportler eine gute Basis, ein hohes Level erreichen zu können.

Was muss man beachten, wenn man Mädchen und Buben trainiert?

Als Kinder- und Jugendtrainer sollte man auf ein paar Punkte besonders achten. Erfahrungsgemäß sind Mädchen sensibler als Burschen, man muss ihnen gegenüber die „richtigen" Worte wählen. Mädchen brauchen mehr Struktur, Buben probieren gerne einmal etwas aus und gehen unbeschwerter an die Sache heran. Außerdem ist bei Mädchen die Menstruation zu berücksichtigen, über Zusammenhänge mit der sportlichen Betätigung gibt die Fachliteratur Auskunft. Für den Trainer ist das Wissen um die postmenstruelle Phase (5.–11. Tag) wesentlich, denn in ihr liegt das Leistungsoptimum, während an den Tagen unmittelbar vor der Menstruation die Leistungsfähigkeit vermindert ist. Die Praxis hat gezeigt, dass es bei starken Menstruationsschmerzen zu einer stärkeren psychischen Beeinträchtigung kommt. Es empfiehlt sich, in dieser Phase die Mädchen keinen allzu hohen Belastungen auszusetzen und ihren Körper besonders mit Stabilisationsübungen auf die Trainingseinheit vorzubereiten.

Soll der Torwart selbst schießen beim Torwarttraining?

JA! Dieser Trainingsansatz ist ein wesentlicher Punkt der *VCK33*-Methode, um viele Wiederholungen zu ermöglichen. Dieser Weg ist zwar der schwierigere, da bei Jugendlichen die Präzision in der Ausführung oft noch nicht vorhanden ist, aber der nachhaltigere.

Nach welcher Philosophie bilden wir aus?

Auf der Suche nach einer Spiel- und Trainingsphilosophie für Torwarte und Torwarttrainer haben sich zwei zentrale Fragen gestellt:

_ Was macht das Spiel eines modernen Torwarts aus?

_ Wie gestaltet sich die Ausbildung eines Torwartes, der dem modernen Torwartspiel gerecht wird?

Die Beobachtung international renommierter Torhüter und die Analyse ihres Spiels, die Auseinandersetzung mit einschlägiger Fachliteratur, das Gespräch mit Fachkollegen und die eigene Beschäftigung mit Torhütern aller Altersklassen hat zu Erkenntnissen geführt. Für die Arbeit in der Praxis war eine konkrete, teilweise vereinfachte Darstellung dieser Erkenntnisse notwendig.

VCK33 systematisiert und optimiert die Arbeit des Torwarttrainers.

Die Torwart-Techniken nach **_VCK33_** umfassen 33 TW-Einzeltechniken, die in verschiedenen Einsatzbereichen zur Anwendung kommen. **_VCK33_** stellt sich nicht gegen schon bewährte Trainingsmodelle, sondern bietet einen praktikablen, dem modernen Fußballspiel angepassten Ansatz in der Vermittlung von Torwarttechniken und -taktiken. Es handelt sich dabei um ein konkret praxisorientiertes Angebot, das Torwartspiel einzig und allein offensiv auszurichten. Für die praktische Arbeit des Torwarttrainers auf dem Platz – egal, ob im Kinder-, Amateur- oder Profibereich – ergibt sich grundsätzlich die Forderung, alle Übungs- und Organisationsformen so zu gestalten, dass TW-Aktionen erst dann als abgeschlossen gelten, wenn der „Ball zum Mitspieler" gebracht wurde, denn auch im Spiel ist das das angestrebte Ziel.

Neben einer behutsam angepassten Fachterminologie bietet **VCK33** vor allem hinsichtlich einer modernen Auffassung des Torwartspiels konkrete Ansätze:

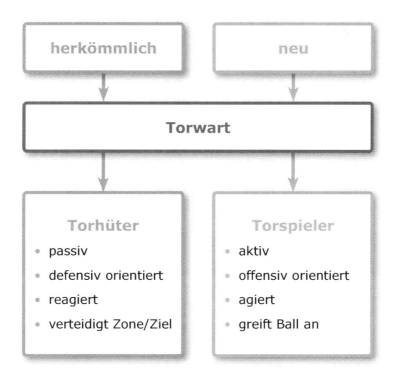

Welches Torwart-Spiel wird bevorzugt?

In der folgenden Darstellung soll das Spiel des aktiv-offensiven Torwarts auch begrifflich verdeutlicht werden. Der Terminus „Ballangriff" steht für die Strategie des Torwarts: Selbst in der Phase, in der der Gegner den Ball hat, also in der „Defensive", legt es der Torwart in dem ihm zugedachten Bereich darauf an, den Ball zu attackieren. Nach erfolgreichem „Ballangriff" wird der Ball zum Mitspieler gebracht.

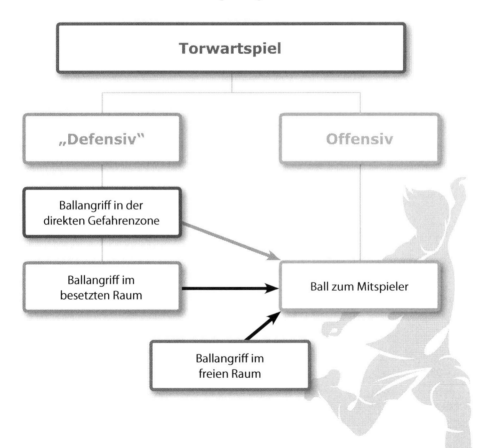

Wie coache ich richtig?

Das Training der 33 Torwarttechniken, sehr komplexer, komplizierter Bewegungsabläufe, stellt hohe Anforderungen an den Torwart, aber auch an den Torwarttrainer. **VCK33** macht diese Abläufe „lehrbar", **VCK33** bietet Hilfestellungen an, sowohl für den Prozess des TE-Erwerbs oder der TE-Stabilisation als auch für die Reflexion einer eingesetzten Technik.

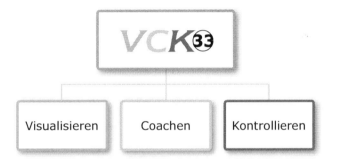

Visualisieren

Dem auszubildenden Torwart soll ein Idealbild einer Torwarttechnik durch Film oder Bildreihe vermittelt werden.

Coachen

Der auszubildende Torwart soll durch verbale Instruktionen des Torwarttrainers beim Erlernen oder Festigen der Technik geleitet bzw. unterstützt werden.

Kontrollieren

Die angewandte Torwarttechnik soll durch den Torwarttrainer oder durch den Torwart selbst kontrolliert werden (können).

Wo setzt der Torwart seine Techniken ein?

33 TW-Techniken sollte der moderne Torwart beherrschen, auf dem Spielfeld lassen sich drei Bereiche differenzieren, in denen sie zum Einsatz kommen können (sollen):

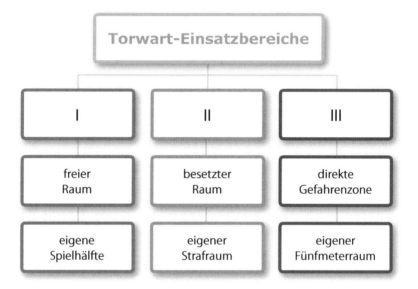

Der Einfachheit halber wurde der Einsatzbereich des Torwartes grundsätzlich auf die eigene Spielhälfte beschränkt.

Im Einsatzbereich I (freier Raum) können alle Techniken des Feldspielers vom Torwart zur Anwendung gebracht werden. Die Torwarttechniken, die in den Bereichen II und III eingesetzt werden, zeichnen sich dadurch aus, dass der Torwart den Ball auch mit der Hand spielen darf.

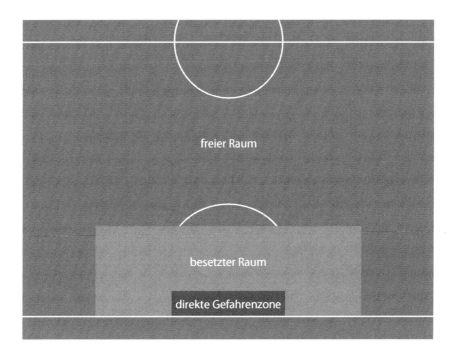

Welche Funktionen hat der Torwart?

Aus nachfolgend angeführtem Schema wird die Spielphilosophie des modernen Torwarts erkennbar, ihm fallen in den definierten Einsatzbereichen unterschiedliche „Hauptfunktionen" zu. Nach jedem Ballangriff muss der Torhüter bestrebt sein, eine offensive Anschlussaktion zu setzten, das heißt, den **Ball zum Mittspieler** zu bringen. Jede TW-Aktion soll eine offensive Ausrichtung haben.

Um Verbindungen zu herkömmlicher Terminologie zu ermöglichen, finden sich in den zwei folgenden Darstellungen noch die Begriffe „Zielverteidigung" und „Raumverteidigung" sowie „Abwehr" – Termini, die in der Spielauffassung von **VCK33** keine Berechtigung mehr haben, weil „verteidigen" bzw. „abwehren" durch „angreifen" ersetzt worden ist.

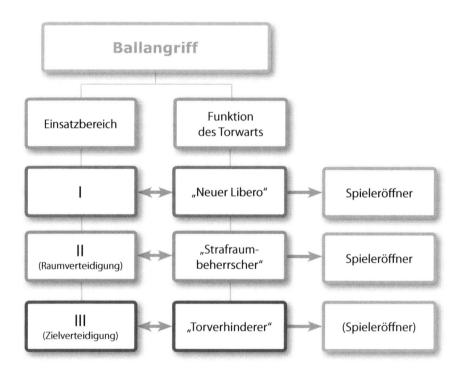

Alle technischen Fertigkeiten und taktischen Fähigkeiten muss der TW einsetzen, um seinen „Ballangriff" erfolgreich zu gestalten und ihn dann mit der Aktion „Ball zum Mitspieler" abzuschließen.

Welche Torwart-Techniken muss ein Torwart beherrschen?

VCK33 beschränkt sich auf jene Techniken, die vom Torwart-trainer mit dem Torwart explizit trainiert werden. „Techniken", die zwar im Spiel vorkommen, aber eher spontane Reaktionen darstellen, finden keine Berücksichtigung. Die dargestellten TW-Techniken werden im Rahmen des Torwart-trainings erworben, verbessert und stabilisiert, im Spiel als Lösung von spielsituativen Aufgaben kontrolliert.

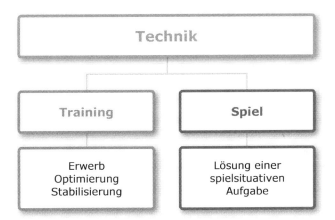

Effiziente individuelle Ausprägungen einer Technik sollen grundsätzlich erhalten bleiben, individuellen Nuancierungen – sind sie effektiv – soll Raum gegeben werden.

Die hier dargebotene Systematik der TW-Techniken, von denen drei (je eine Technik pro Einsatzraum) unten in Bildreihen dokumentiert und mit Coaching- und Kontrollpunkten versehen sind, basiert auf der Annahme der folgenden drei definierten Einsatzbereiche:

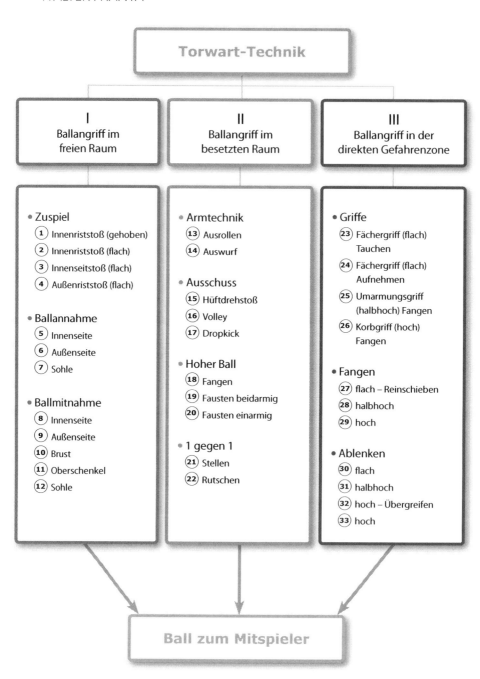

Torwart-Technik

I
Ballangriff im freien Raum

II
Ballangriff im besetzten Raum

III
Ballangriff in der direkten Gefahrenzone

- Zuspiel
  - ① Innenriststoß (gehoben)
  - ② Innenriststoß (flach)
  - ③ Innenseitstoß (flach)
  - ④ Außenriststoß (flach)

- Ballannahme
  - ⑤ Innenseite
  - ⑥ Außenseite
  - ⑦ Sohle

- Ballmitnahme
  - ⑧ Innenseite
  - ⑨ Außenseite
  - ⑩ Brust
  - ⑪ Oberschenkel
  - ⑫ Sohle

- Armtechnik
  - ⑬ Ausrollen
  - ⑭ Auswurf

- Ausschuss
  - ⑮ Hüftdrehstoß
  - ⑯ Volley
  - ⑰ Dropkick

- Hoher Ball
  - ⑱ Fangen
  - ⑲ Fausten beidarmig
  - ⑳ Fausten einarmig

- 1 gegen 1
  - ㉑ Stellen
  - ㉒ Rutschen

- Griffe
  - ㉓ Fächergriff (flach) Tauchen
  - ㉔ Fächergriff (flach) Aufnehmen
  - ㉕ Umarmungsgriff (halbhoch) Fangen
  - ㉖ Korbgriff (hoch) Fangen

- Fangen
  - ㉗ flach – Reinschieben
  - ㉘ halbhoch
  - ㉙ hoch

- Ablenken
  - ㉚ flach
  - ㉛ halbhoch
  - ㉜ hoch – Übergreifen
  - ㉝ hoch

Ball zum Mitspieler

Was sind Torwart-Aktionsphasen?

Für die Techniken des Torwartes, die er in den drei Einsatzbereichen anwenden darf, hat sich folgende Strukturierung als vorteilhaft erwiesen.

Ball zum Mitspieler

3. Arbeit am Ball

2. Bewegung zum Ball

1. Ausrichtung nach Ball

Die drei Phasen, die hier unterschieden werden, sind das Ergebnis praktischer Arbeit. Diesen Phasen trägt *VCK33* Rechnung, indem die Kontrollpunkte zu den Techniken 18 bis 33 nach ihnen ausgerichtet sind. Die Coachingpunkte sind lediglich als Auflistung verbaler Hilfen für den Torwarttrainer zu verstehen, die Kontrollpunkte zielen auf die drei genannten Phasen ab. Nicht immer wird es notwendig sein, alle Coachingpunkte als Torwarttrainer an den Torwart zu bringen. Entspricht das Bewegungsmuster den Vorstellungen, so können möglicherweise alle Coachingpunkte verbal unterlassen werden. Es geht um keine sportwissenschaftliche Darstellung von Bewegungsabläufen, sondern lediglich um verbale Hilfestellungen. Die Kontrollpunkte, die *VCK33* festlegt, sind vor allem brauchbar für die Analyse von Torwarttechniken bzw. für das Coaching des Torwarts durch den TW-Trainer während des Spiels.

Der „Ballangriff" wird als Prozess verstanden, der – wie folgt – dargestellt werden kann:

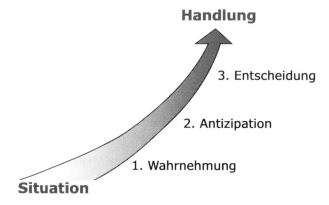

Wie funktioniert das Kindertraining?

Grundsätzlich läuft das Kinder-/Jugendtraining wie das Erwachsenentraining ab, lediglich Umfang und Intensität werden an das Leistungsvermögen angepasst.

Die 33 Torwart-Techniken, die VCK 33 differenziert, lassen sich – wie folgt – trainieren:

isoliert

Unter isoliertem Training wird der Erwerb, die Optimierung, die Stabilisierung einer der 33 Torwart-Techniken ohne zusätzliche Anforderungen verstanden, wobei der Schwerpunkt auf der „Bewegung zum Ball" und auf der „Arbeit am Ball" liegt.

kombiniert

Im Rahmen des kombinierten Trainings wird eine Torwart-Technik – mit technischen und/oder konditionellen und/oder koordinativen Elementen verbunden – geschult.

komplex

Beim komplexen Training wird eine Torwart-Technik/werden mehrere Torwart-Techniken in einer spielnahen Situation angewandt, das Hauptaugenmerk liegt dabei neben der „Bewegung zum Ball" und der „Arbeit am Ball" auf der „Ausrichtung nach Ball".

Der Reorganisation des Torwarts sollte in jeder Trainingsform Rechnung getragen werden. Geht man von den Aktionsphasen des Torwarts aus, so lassen sich aus der folgenden Darstellung Schwerpunkte herauslesen:

isoliert

_ Bewegung zum Ball
_ Arbeit am Ball

kombiniert

_ (Ausrichtung nach Ball)
_ Bewegung zum Ball
_ Arbeit am Ball

komplex

_ Ausrichtung nach Ball
_ Bewegung zum Ball
_ Arbeit am Ball

Für die Gestaltung einer Torwarttrainingseinheit empfiehlt sich folgende Anordnung von Trainingsinhalten:

Die Schulung aller 33 Torwart-Techniken sollte im Torwart-Training Berücksichtigung finden, in welcher Form, hängt von verschiedenen Parametern ab (Leistungsstand des zu trainierenden Torwarts, Witterungsverhältnisse, Platzverhältnisse, Zeitressourcen, Ausbildungsplan ...).

Angestrebt wird grundsätzlich die Arbeit der trainierten Torwarte miteinander, d.h. die Torwarte sind auch selbst für ein qualitativ gutes Spielen des Balles zu ihren Torwartkollegen verantwortlich. Nicht der Torwarttrainer sollte im Training den Ball spielen, sondern der Torwart selbst, will man ihn als aktiven-offensiven Torwart ausbilden (Ziel: „Ball zum Mitspieler").

Wozu Torwart-Ausbildungsbausteine?

Klar ist das entwickelte Idealbild der 33 ausgewählten Torwart-Techniken.

Im Kinder- und Jugendbereich liegt der Hauptschwerpunkt des Torwart-Trainings auf dem Erlernen der Torwart-Techniken.

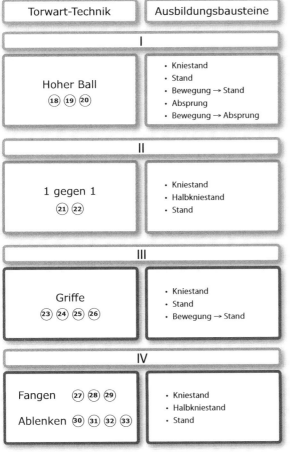

VCK33 fasst für das Erwerbstraining die torwartspezifischen Techniken (18 bis 33) in Gruppen zusammen und stellt für sie in nebenstehender Tabelle methodische Grundmuster bzw. „Ausbildungsbausteine" vor (die Torwart-Techniken 1 bis 17 bleiben dabei unberücksichtigt).

In der folgenden Fotoserie werden die Ausgangsstellungen – exemplarisch für die einzelnen Torwarttechnik-Gruppen – verdeutlicht:

Torwart-Technik Ausbildungsbausteine		
I		
Hoher Ball (18) (19) (20)		
Kniestand		
Stand		
Bewegung → Stand		
Absprung		
Bewegung → Absprung		

II		
1 gegen 1 ㉑ ㉒		

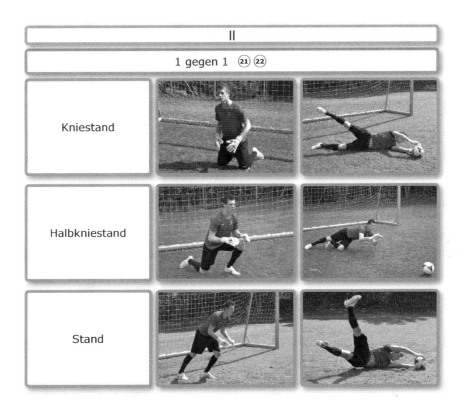

Kniestand		
Halbkniestand		
Stand		

III		
Griffe ㉓ ㉔ ㉕ ㉖		
Kniestand		
Stand		
Bewegung → Stand		

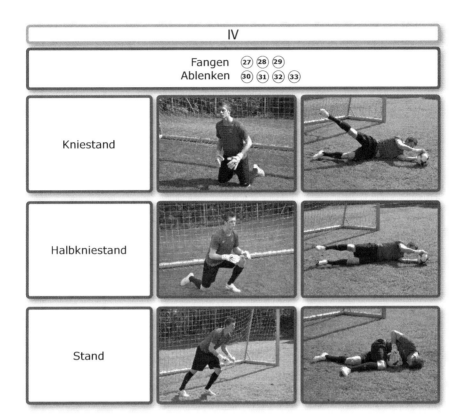

Dem Prinzip vom „Einfachen zum Schweren" soll Rechnung getragen werden, außerdem ist der Einsatz von „Hilfsmitteln" (Markierungshütchen, Pendelball, Zauberschnur, Matte, Weichboden, ruhender Ball, geworfener Ball, passiver Gegner, aktiver Gegner, …) zu überlegen.

In den „Ausbildungsbausteinen" fehlt als Ausgangsstellung für die Aktionsphase „Bewegung zum Ball" die jeweilige TW-Grundstellung, und zwar deshalb, weil die TW-Grundstellung zum Idealbild der jeweiligen Torwarttechnik gehört (siehe **VCK33** – Technik/Training!). Zur Veranschaulichung sind in der folgenden Darstellung die TW-Grundstellungen den TW-Technik-Gruppen zugeordnet:

Torwart-Technik	Grundstellung
	I
Hoher Ball ⑱ ⑲ ⑳	
	II
1 gegen 1 ㉑ ㉒	
	III
Griffe ㉓ ㉔ ㉕ ㉖	
	IV
Fangen ㉗ ㉘ ㉙ Ablenken ㉚ ㉛ ㉜ ㉝	

Wie gestalte ich eine Trainingseinheit für 10- bis 14-jährige Torhüter?

Trainingsansatz

Im TE-Training ist auf eine exakte Ausführung zu achten. Es ist von großer Bedeutung, den Bewegungsablauf einer Technik genau zu kennen, wenn an ihm gearbeitet werden soll.

Organisationsformen sollten einfach gehalten werden und Variationsmöglichkeiten müssen gegeben sein, um Trainingsreize adäquat setzen zu können.

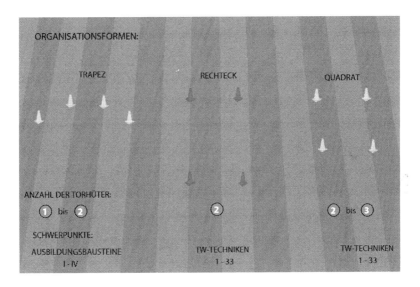

Drei der 33 TW-Techniken, die nach „*VCK33*" trainiert werden sollen, werden im Folgenden exemplarisch dargestellt. Coaching- und Kontrollpunkte sollen helfen, den Bewegungsablauf zu optimieren. Im Anschluss wird modellhaft das Abarbeiten der 3 TW-Techniken in einer Trainingseinheit vorgestellt.

1 Ballangriff im freien Raum → Ball zum Mitspieler

Zuspiel: Innenriststoß (gehoben)

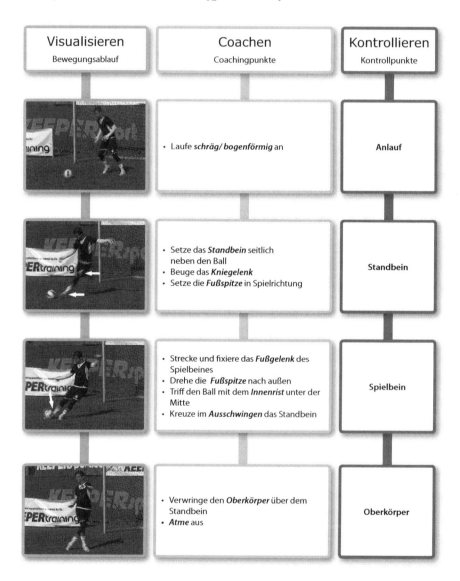

Visualisieren	Coachen	Kontrollieren
Bewegungsablauf	Coachingpunkte	Kontrollpunkte
	• Laufe *schräg/ bogenförmig* an	**Anlauf**
	• Setze das *Standbein* seitlich neben den Ball • Beuge das *Kniegelenk* • Setze die *Fußspitze* in Spielrichtung	**Standbein**
	• Strecke und fixiere das *Fußgelenk* des Spielbeines • Drehe die *Fußspitze* nach außen • Triff den Ball mit dem *Innenrist* unter der Mitte • Kreuze im *Ausschwingen* das Standbein	**Spielbein**
	• Verwringe den *Oberkörper* über dem Standbein • *Atme* aus	**Oberkörper**

15 Ballangriff im besetzten Raum → Ball zum Mitspieler

Ausschuss: Hüftdrehstoß

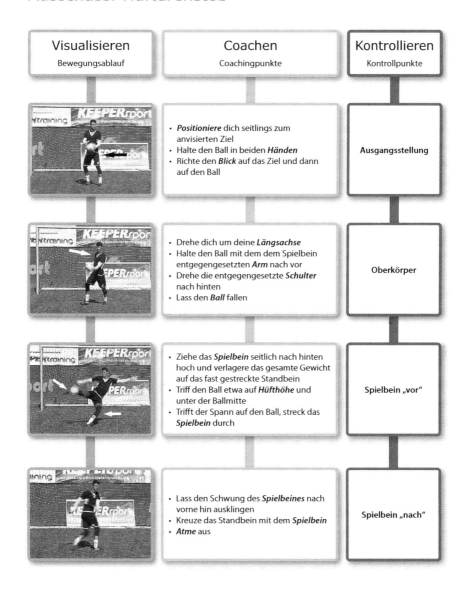

Visualisieren Bewegungsablauf	Coachen Coachingpunkte	Kontrollieren Kontrollpunkte
	• **Positioniere** dich seitlings zum anvisierten Ziel • Halte den Ball in beiden **Händen** • Richte den **Blick** auf das Ziel und dann auf den Ball	Ausgangsstellung
	• Drehe dich um deine **Längsachse** • Halte den Ball mit dem dem Spielbein entgegengesetzten **Arm** nach vor • Drehe die entgegengesetzte **Schulter** nach hinten • Lass den **Ball** fallen	Oberkörper
	• Ziehe das **Spielbein** seitlich nach hinten hoch und verlagere das gesamte Gewicht auf das fast gestreckte Standbein • Triff den Ball etwa auf **Hüfthöhe** und unter der Ballmitte • Trifft der Spann auf den Ball, streck das **Spielbein** durch	Spielbein „vor"
	• Lass den Schwung des **Spielbeines** nach vorne hin ausklingen • Kreuze das Standbein mit dem **Spielbein** • **Atme** aus	Spielbein „nach"

23 Ballangriff in der direkten Gefahrenzone → (Ball zum Mitspieler)

Griffe: Fächergriff (flach) Tauchen

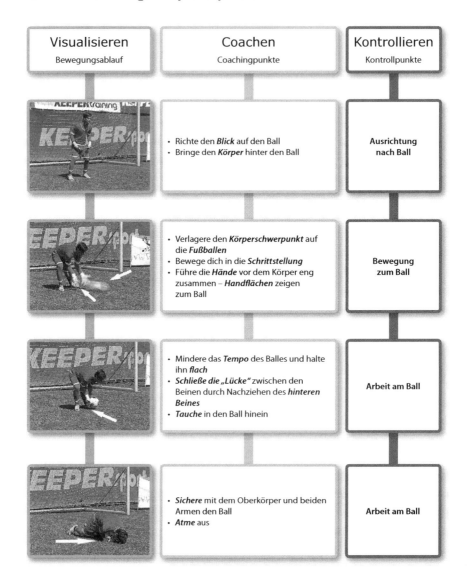

Visualisieren Bewegungsablauf	Coachen Coachingpunkte	Kontrollieren Kontrollpunkte
	• Richte den **Blick** auf den Ball • Bringe den **Körper** hinter den Ball	**Ausrichtung nach Ball**
	• Verlagere den **Körperschwerpunkt** auf die **Fußballen** • Bewege dich in die **Schrittstellung** • Führe die **Hände** vor dem Körper eng zusammen – **Handflächen** zeigen zum Ball	**Bewegung zum Ball**
	• Mindere das **Tempo** des Balles und halte ihn **flach** • **Schließe die „Lücke"** zwischen den Beinen durch Nachziehen des **hinteren Beines** • **Tauche** in den Ball hinein	**Arbeit am Ball**
	• **Sichere** mit dem Oberkörper und beiden Armen den Ball • **Atme** aus	**Arbeit am Ball**

Isoliert: TECHNIK + TECHNIK (Aufwärmen)

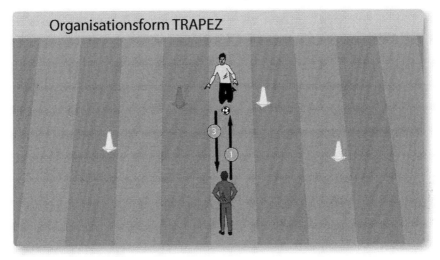

Schwerpunkt: Ausbildungsbaustein III / TECHNIK 23

Kniestand   Stand   Bewegung > Stand

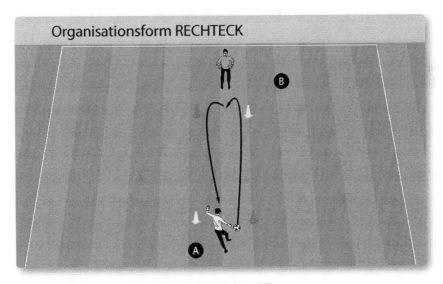

Schwerpunkt: TECHNIKEN 1 + 15

Kombiniert: TECHNIK + TECHNIK

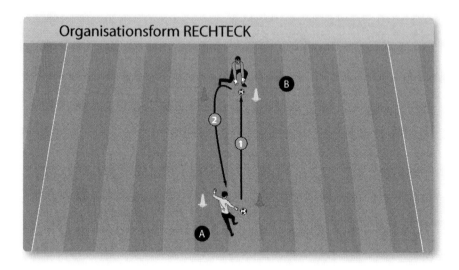

Schwerpunkt: TECHNIKEN 1 + 15 + 23

ÜBUNG A	ÜBUNG B
1 Innenseitstoß	1 Innenseitstoß
B TECHNIK 23	B TECHNIK 23
2 TECHNIK 1	2 TECHNIK 15

Komplex

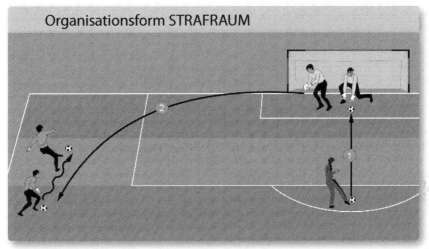

Schwerpunkt: TECHNIKEN 1 + 15 + 23

1 Innenseitstoß	B TECHNIK 1
A TECHNIK 23	A Korbgriff (hoch) Fangen
2 TECHNIK 15	4 Armtechnik

Walter Franta

Spezialgebiet:
Torwartausbildung

Walter Franta (JG 1972) möchte seine Erfahrung als Profitorwarttrainer im Jugend- und Akademiebereich sowie als Bundesliga- und ÖFB-Frauen-Nationalteam-Torwarttrainer an Interessierte des Torwartspieles weitergeben.

VCK33 – Ein österreichischer Weg zum aktiv-offensiven Torwart bringt den Lesern seine Philosophie näher. Die **VCK33-Methode** verfolgt eine ganzheitliche Torwartausbildung, ohne auf die individuellen Ausprägungen des einzelnen Torhüters zu vergessen.

_ SPANNUNGSFELDER

Überlegungen zu Determinanten der bildungsinstitutionellen Arbeit mit Schülern und Schülerinnen im Unterrichtsfach „Fußball" am BRG Bad Vöslau-Gainfarn

Von Harald Weber

HARALD WEBER

Spannungsfelder

Überlegungen zu Determinanten der bildungsinstitutionellen Arbeit
mit Schülern und Schülerinnen im Unterrichtsfach „Fußball" am
BRG Bad Vöslau-Gainfarn

Von Harald Weber

Gedanken zum Spiel – ein (persönliches) Vorwort

Als im Juni 2012 meine *„Mitverwendung an der Expositur des BG/BRG Baden, Fraueng., Petzgasse 36, 2540 Bad Vöslau im Ausmaß von 6 Wochenstunden für das Schuljahr 2012/13"* genehmigt wurde, um die ich – nach einem sehr guten Gespräch mit Dir. Claudia LIEBL – im Februar beim Landesschulrat für NÖ angesucht hatte, stand ich vor einer interessanten fachlichen, aber auch pädagogischen Herausforderung. Ich war damit Teil eines sehr ambitionierten Teams (Dir. Claudia LIEBL, Bettina BERNHARDT (Koordinatorin), Walter FRANTA, Martha HERB, Rolf LANDERL), das seine Aufgabe darin sah, Fußball am Schulstandort Gainfarn zu etablieren. Mit viel Enthusiasmus ging man gemeinsam ans Werk, das viel versprechende Konzept für alle Beteiligten zufrieden stellend umzusetzen. Nachdem FRANTA im Sommer 2013 die Schule Richtung ÖFB bzw. SK RAPID WIEN verlassen hatte, folgte ihm im Sommer 2016 LANDERL, den es als Trainer zum VfB LÜBECK verschlug, bei dem seit Ende 2018 übrigens auch FRANTA arbeitet. Nach dem Abgang LANDERLS übertrug mir Dir. LIEBL ab dem Schuljahr 2016/17 mit der sportlichen Leitung des FB – Zweiges eine Verantwortung, der ich mir bewusst bin und der ich mich gemeinsam mit dem aktuellen Team (Dir. Claudia LIEBL, Bettina BERNHARDT (Koordinatorin), Martha HERB, Philipp KUMMER, Dominik VOGLSINGER) gerecht zu werden bemühe.

Der Grund, warum die folgende Abhandlung für dieses Buch entstanden ist, liegt lediglich darin, Interessierten die an dieser Bildungsanstalt umgesetzte Ausbildungsphilosophie vorzustellen, die auf den gesetzlichen Grundlagen basiert, die real – gymnasiale Zielsetzung verfolgt und dem schulautonomen Schwerpunkt Rechnung trägt. Damit ist auch schon der Fokus definiert: Eine fundierte schulische Ausbildung steht grundsätzlich über einer fußballspezifischen, wenngleich natürlich literarische und fußballerische Lernerfolge angestrebt werden, die dahingehend festgelegt sind, dass die uns anvertrauten Schüler und Schülerinnen nicht nur erfolgreich maturieren, sondern sich auch sportlich und menschlich ein gutes Stück weiterentwickeln.

Studium und Sport: diese beiden Dinge. Ich denke, dass Sport viel zu sehr unterbewertet, nicht wertgeschätzt wird. Ich denke, dass geistige Klarheit fast immer durch den Sport entsteht. Und Studieren, finde ich, sollte man auch. (CRUYFF, zitiert nach: SCHULZE-MARMELING, 2012, S. 56)

Dass eine so intendierte duale Ausbildung nicht nur spannend, sondern mitunter auch spannungsgeladen abläuft, braucht niemandem erklärt zu werden, der sich junge Menschen in diesem Prozess vorstellt und dabei auch die Bedingungen mitdenkt, die diesem Prozess zugrunde liegen. Auf einige dieser Spannungsfelder soll – wie schon im Titel angedeutet – im Folgenden eingegangen werden, und zwar so, dass konkrete Lösungen aus der Auseinandersetzung mit diesen Feldern auch ableitbar sind und so vielleicht auch allgemein als Hilfestellungen wahrgenommen werden können.

Dass zur Unterrichtsarbeit auch Erziehungsarbeit gehört, macht unser Unterfangen nicht unbedingt leichter, wie man sich unschwer ausmalen kann. Es kommt uns dabei der Unterrichtsgegenstand „Fußball" insofern entgegen, als er das „Non scholae sed vitae discimus" augenscheinlich eher ermöglicht als jeder andere. Fußball – Affine wissen sich eins mit CAMUS, wenn er zu seinen Erfahrungen rückblickend behauptet: „… *was ich schließlich am sichersten über Moral und menschliche Verpflichtungen weiß, verdanke ich dem Sport.*" (zitiert nach: TWOREK/OTT, 2006, S. 100) Kulturell Interessierte werden Parallelen ziehen können, wenngleich man – wie FREUD – „*im Unbehagen an der Kultur die conditio humana des modernen Menschen*" (NIEHAUS, 2004, S. 43) ausmachen kann. Gilt das Gesagte nicht auch für den Sport im Allgemeinen und für den Fußball im Speziellen?

Für HAUSMANN liegt die Einzigartigkeit des Fußballspiels darin, „*daß es, da es letztlich eine ins Spielhafte übertragene, erhöhte und verdichtete Lebenswirklichkeit, eine Lebenswirklichkeit im Brennspiegel ist, von der ersten bis zur letzten Minute Beziehungen zur Alltagswirklichkeit herstellt*" (HAUSMANN, 1966, S. 26).

Es heißt, Spielen sei die Neuerschaffung der Welt neben der wirklichen; der Fußball akzeptiert diese Definition, da er nutzlos ist, erschöpft er sich in sich selbst.
(VALDANO, 2006, S. 247)

So gesehen, müssten wir Fußballlehrer also glücklich sein, gerade dieses Feld bestellen zu dürfen, und was die Dimensionalität des Spieles betrifft, sind wir es auf jeden Fall, nur begegnen wir halt in der „Alltagswirklichkeit" auch vielen Niederungen.

Aus anthropologischer Sicht ist das Spiel neben der Leiblichkeit des Menschen und der menschlichen Bewegung die dritte Grundkategorie (vgl. BRÄUTIGAM, 2011, S. 28 ff.). Gerade der Schulsport setzt sich mit diesen Grundphänomenen auseinander und sieht in dieser Auseinandersetzung auch tolle pädagogische Möglichkeiten, vor allem im Spiel: *„Das Spiel ist als ein Prozess zu verstehen, der zwischen polaren Gegensätzen Spannungen erzeugt. Man spricht von einer dialektischen Struktur des Spiels und meint damit das wechselweise Einwirken widersprüchlicher Momente wie Ordnung und Unordnung, Erfolg und Misserfolg, Miteinander und Gegeneinander, Sieg und Niederlage, Sicherheit und Unsicherheit, Freiheit und Gebundenheit."* (ebd., S. 31)

Sich der erzieherischen Bedeutung des Spiels bewusst zu sein, ist Auftrag genug, dem Spiel – auch im schulischen Alltag – ausreichend Platz einzuräumen. Idee, Form, Inhalt und Gehalt sind nach GÜNZEL/ROSENBAUM die vier Grundformen, die das (Fußball-)Spiel determinieren, wobei es unerheblich sei, *„ob man das Spiel als Ursprung der Kultur ansieht (…) oder (…) als Residuum der Kultur begreift"* (GÜNZEL/ROSENBAUM, 1985, S. 570).

Das Wissen um die oben dargestellten Zusammenhänge hat für die pädagogische Arbeit insofern Relevanz, als es einem immer wieder die Grundproblematik der Vermittlung von fußballspezifischen Inhalten vor Augen hält: Will man das Spielerische erhalten, dürfen *„Systematisierung und Disziplinierung des Spiels"* (HUIZINGA, 2017, S. 213) nicht die Oberhand gewinnen. Archaische Zugänge, das Fußballspiel *„als rituelle Jagd"* (MORRIS, 1981, S. 15), *„als religiöse Zeremonie"* (ebd., S. 21) oder *„als Theater"* (ebd., S. 26) zu sehen, können mitunter hilfreich sein, Wesentliches nicht zu übergehen, das GEBAUER etwas anders anspricht: *„Der Fußball drückt etwas über uns selbst aus, das wir unter normalen Bedingungen nicht leicht erkennen. Er führt uns in eine Erfahrungsschicht unserer Existenz, die wir leben und fühlen, aber nicht begrifflich ausdrücken können."* (GEBAUER, 2016, S. 203) Sollten, ja müssen Lehrer diese Erfahrung ihre Schüler/Schülerinnen nicht machen lassen? Haben Kinder nicht sogar ein Recht darauf? Ist das nicht jener Beitrag, den das Spiel zu wahrer Bildung beitragen kann? Verwalten wir Fußballlehrer mit dem Fußballspiel nicht ein Gut, dessen Facettenreichtum geradezu dazu prädestiniert ist, Schülerinnen und Schüler zu sich selbst zu führen, damit sie sich später selbst führen können? In *„Der Nachsommer"* finden wir vielleicht eine Antwort, wenn STIFTER den Vater ausführen lässt, *„der Mensch sei nicht zuerst der menschlichen Gesellschaft wegen da, sondern seiner selbst willen. Und wenn jeder seiner selbst willen auf die beste Art da sei, so sei er es auch für die menschliche Gesellschaft"* (STIFTER, 1857/1981, S. 15).

Fußball als Mannschaftsspiel eröffnet ein so breit gefächertes Spektrum, dass er sich für die Erziehung junger Menschen fast unentbehrlich macht. Fußball – ein *„Sport, dessen Wesen die Ambivalenz ist"* (JENS, zitiert nach: MENZER, 1983, S. 23), wie Walter JENS in seiner Festrede zum 75-jährigen Bestehen des DFB ausgeführt hat und die er konkretisiert als *„die Dialektik von Irrationalität und Kalkül, von Reglement und*

Risiko" (JENS, zitiert nach: MENZER, 1983, S. 23) – trägt also erzieherisches Potential in sich, das von seinen Lehrern nur an die Oberfläche gehievt werden muss, will es in den Dienst der Erziehung des jungen Menschen gestellt werden.

Friedrich TORBERG hat mit seinem Roman „*Die Mannschaft*" – entgegen der von LIESSMANN konstatierten „*Literaturunfähigkeit des runden Leders*" (LIESSMANN, 1991, S. 263), die sich sicherlich auf Bälle jeglicher Art ausweiten ließe – nicht nur den Versuch unternommen, diese den Einzelnen, „*der sich selbst nur gerecht werden kann, wenn er der Mannschaft: und der Mannschaft nur, wenn er sich selbst gerecht wird*" (TORBERG, 1935/2004, S. 457) – hier sei noch einmal die Brücke zu STIFTER geschlagen – bildenden Vorgänge im Mannschaftssport transparent zu machen, sondern auch die Richtung methodisch – didaktischen Agierens vorgegeben: „*Denn nicht der Sieg ist das Ziel, sondern das Spiel.*" (ebd., S. 457)

Der Fußball ist Idiotie, wenn man ihn nur als eine Frage des Gewinnens und des Verlierens sieht. Fußball bedeutet spielen oder nicht spielen, eine Lebensweise verteidigen oder nichts verteidigen, Stil besitzen oder auf das Ergebnis, auf das Glück setzen. (VALDANO, 2006, S. 205)

Der Schulstandort

Gainfarn gehört zur Stadtgemeinde Bad Vöslau, die etwa 20 km südlich von Wien auf 276 m Seehöhe im Wiener Becken liegt und ungefähr 13.600 Einwohner hat (vgl. https://www.badvoeslau.at/de/rathaus/statistik/, abgerufen am 26. 9. 2019).

Zur Entstehung und Ausrichtung der Schule soll Frau Dir. LIEBL zu Wort kommen:

Seit September 2010 bietet das Bundesrealgymnasium Bad Vöslau im Schulzweig „Realgymnasium mit schulautonomem Schwerpunkt Sport" fußballbegeisterten Schülerinnen und Schülern die Möglichkeit, parallel zur schulischen Ausbildung auch ihre Fähigkeiten im Bereich Fußball zu verbessern und zu vertiefen. Von Beginn an war der Kontakt zwischen Schule und Verein eine Voraussetzung für das Gelingen dieses Schulmodells. Das Ziel war und ist die optimale Unterstützung der jungen Sportlerinnen und Sportler bei der Erreichung ihrer sportlichen und schulischen Ziele. Im Fall einer Verletzung und der damit verbundenen Beendigung der sportlichen Ausbildung ist ein Übertritt in das Realgymnasium mit Schwerpunkt „Science" jederzeit möglich.

In den ersten Jahren lag dabei das Augenmerk auf der Ausbildung von Mädchen im Alter von 14 bis 18 Jahren. Heute können diesen Schulzweig alle Schülerinnen und Schüler ab der 7. Schulstufe besuchen. Die Voraussetzung für die Anmeldung ist eine Vereinszugehörigkeit.

Die letzten neun Jahre haben gezeigt, dass der Schulzweig sich großer Beliebtheit erfreut. Im aktuellen Schuljahr

2019/20 besuchen 20 Schülerinnen und 74 Schüler diese schulautonome Schulform.

Die enge Zusammenarbeit zwischen dem Trainerteam und den Vertretern der Vereine gibt den Schülerinnen und Schülern die Möglichkeit, sich optimal sportlich weiterzuentwickeln. Um auch eine gute schulische Betreuung zu garantieren, gibt es mit der Sportkoordinatorin Frau Bettina BERNHARDT eine Ansprechperson für die Sportlerinnen und Sportler, die Lehrerschaft, das Trainerteam und die Verantwortlichen der Vereine. Dadurch können auftretende Probleme gemeinsam sehr rasch erkannt und gelöst werden. Diese optimale Betreuung aller am Modell Beteiligten ist die Grundvoraussetzung für ein Erreichen der sportlichen Ziele.

Die **Infrastruktur** ist bemerkenswert, dem Fach „Bewegung und Sport" und den schulautonomen Ausbildungsschienen Fußball, Handball, Volleyball stehen modernste und bestens gepflegte Ausbildungsstätten zur Verfügung:
1 Dreifach-Turnhalle, 1 Turnhalle, 1 Kraftkammer, 1 Rasenplatz, 1 Laufbahn, 1 Hartplatz, 2 Outdoor-Tischtennisanlagen, 2 Beachvolleyball-Plätze, 1 Trinkbrunnen.

Das Equipment des „Fußball-Zweiges" umfasst:
4 tragbare Tore, 2 transportable Mini-Tore, 60 Fußbälle, 10 Hallenfußbälle (Futsalbälle), Corpus-Bälle, 1 Lehrtafel, Überziehleibchen in 4 verschiedenen Farben, Markierungsstangen, Markierungshütchen, 3 Schuhabstreifer, Multifunk-

tionskegel, steckbare Mauermännchen, Koordinationsleitern, Hürden, 2 Taktik-Tafeln, Matten, Faszienrollen, Therabänder.

Das gesamte Gerät für den Außenbereich kann seit dem Schuljahr 2019/20 in einer direkt neben dem Rasenplatz gebauten Kammer gelagert werden, was die Organisation des Trainingsbetriebs erheblich erleichtert.

Die angestrebte umfassende Ausbildung wird natürlich nicht nur von den FB-Lehrern getragen, ein **kompetentes Team von Fachleuten** gewährleistet sie. Akademisch graduierte „Bewegung und Sport"-Pädagogen/Pädagoginnen kümmern sich um eine fundierte allgemein-motorische und polysportive Grundausbildung, Dr. Ulrike KUMMER-FROSCH als Schulärztin und Sportmedizinerin um die sportmedizinische sowie Mag. Florian RETTER um die sportwissenschaftliche Begleitung sowohl der Lehrer als auch der Schüler und Schülerinnen. Mentale Betreuung ist vor Ort durch Mag. Markus TOBISCHEK gegeben.

Das folgende Organigramm soll die Verschränkung der einzelnen Funktionen andeuten:

Direktorin
Mag.ª Claudia Liebl

Koordinatorin – Fußball
Dipl. Päd. Bettina Bernhardt

Sportlicher Leiter – Fußball
Mag. Harald Weber

Fußball-Trainer
Mag. Philipp Kummer

Fußball-Trainer
Dominik Voglsinger

Schulärztin
Dr. Ulrike Kummer-Frosch

Ernährungs-wissenschaftlerin
Mag.ª Martha Herb

Mentalcoach
Mag. Markus Tobischek

Sportwissenschaftler
Mag. Florian Retter

Alle Fäden laufen bei Dir. LIEBL zusammen, die umsichtig dem FB-Team vorsteht.

Die Vielfalt der Lehrer war erstaunlich, es ist die erste bewußte Vielfalt in einem Leben. (...) – das alles, wie es zusammenwirkt, ist noch eine ganz andere als die deklarierte Schule, eine Schule nämlich auch der Vielfalt von Menschen und wenn man sie halbwegs ernst nimmt, auch die erste bewußte Schule der Menschenkenntnis.
(CANETTI, 1977/1985, S. 176 f.)

Was die Menschen betrifft, die am Schulstandort mit Fußball-Belangen betraut sind, so darf angenommen werden, dass sie dem „Ideal", das im Folgenden entworfen wird, so nahe wie nur möglich kommen wollen:

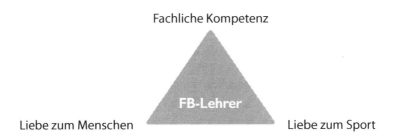

Fachliche Kompetenz

FB-Lehrer

Liebe zum Menschen   Liebe zum Sport

Fortbildung, Supervision, Austausch, Team-Besprechungen, Hospitationen, Reflexionen, Persönlichkeitsbildung werden als Instrumentarien herangezogen, vor allem die fachliche Qualität auf einem hohen Niveau zu halten.

Als Koordinatorin fungiert BERNHARDT, die ihr Aufgabenfeld kurz darstellt:

Mein Tätigkeitsbereich umfasst vor allem die Abstimmung schulinterner und schulexterner Abläufe. Es sind vorwiegend organisatorische Arbeiten, die im schulischen Bereich anfallen:

_ Administration der SchülerInnen-Akten
_ Einkleidung der Schüler/Schülerinnen
_ Terminisierung der sportmotorischen Tests und der personalisierten Leistungsdiagnostik
_ Festlegung von Phototerminen
_ Adaption der Kompetenzbereiche der Fachkollegen
_ Ankauf und Instandhaltung des fußballspezifischen Equipments
_ Vorbereitung, Durchführung und Nachbereitung monatlich abgehaltener Fachgruppengespräche
_ Besprechungen mit Dir. LIEBL und den Koordinatoren VB und HB
_ Gespräche mit Kollegen, Eltern, Schülern/Schülerinnen, Schulärztin, … nach Bedarf

Eine besondere Herausforderung stellt die Planung und Durchführung bzw. Ausrichtung von Wettkämpfen in der Halle oder auf dem Feld dar, weil wir einerseits bemüht sind, möglichst viele Wettkämpfe zu beschicken, andererseits aber aus dem reichhaltigen Angebot doch den einen oder anderen Bewerb – aus welchen Gründen auch immer – streichen müssen. Zu den lohnendsten Bemühungen zählen jene, die auf den Besuch von Veranstaltungen abzielen („Tag des Sports", Eishockey-Spiele, Tennis-Turniere, Bundesliga-Spiele, …), die dislozierten Unterricht und außergewöhnliche Erfahrungen ermöglichen (Hindernisbahn des Bundesheeres, United Worl Games/Kärnten, Trainingslager/Lindabrunn, …) oder die Beiträge im Sinne polysportiver Ausbildung der Schüler/Schülerinnen darstellen (Tanz, Hip-Hop-Kurs, Floorball, Hockey, Laufolympiade, TECO7, …).

Die Organisation von Fachreferaten zu Themen wie Doping, Leistungssport, Mentaltraining, Ernährung obliegt genauso mir wie auch die Kontaktaufnahme bezüglich Trainer- oder Schiedsrichterausbildung oder die Planung und Durchführung von Trainingseinheiten in den umliegenden Volksschulen. Die Vorstellung unserer fußballspezifischen Ausbildung und Arbeit vor Ort findet im Rahmen zahlreicher Elternabende statt, für die auch eine PowerPoint-Präsentation zur Verfügung steht. Auch die Mitgestaltung des „Tages der offenen Tür" oder der „Schnuppertage" fällt in mein Ressort. Dabei werde ich von meinen Fachkollegen unterstützt.

In den außerschulischen Tätigkeitsbereich meiner Arbeit als Koordinatorin fallen die Kontakte zu den Vereinen und Verbänden, Spielbeobachtungen von Schülern/Schülerinnen in ihren Vereinen bzw. Auswahlmannschaften, die Presse- und Öffentlichkeitsarbeit sowie die Präsentation unserer Schule in Sachen Fußball. Meine Arbeit ist stets akkordiert mit Dir. LIEBL und soll sowohl sie als auch meine Fachkollegen entlasten.

Der Bildungsauftrag im Kontext

Eine Bildungsinstitution wie das BRG Bad Vöslau-Gainfarn prägt zweifelsohne die Entwicklung ihrer Schüler und Schülerinnen entscheidend mit. Dieser Prozess der Prägung wird beeinflusst von sozialen Umfeldern, von kulturellen Konditionen, von traditionellen Gepflogenheiten, vor allem aber von bildungspolitischen Rahmenbedingungen. Der Lehrer managt diesen Prozess, begleitet ihn auch als Fußballlehrer, als Coach, als Trainer, *„steht stets im Schnittpunkt all dieser Entwicklungen, er beschleunigt oder verlangsamt sie, er ersinnt neue Handlungsfäden und gibt alte auf – er ist im besten Fall der Autor des Spiels"* (BIERMANN/FUCHS, 2002, S. 45) – um terminologisch in der Welt des Fußballs zu bleiben. Und genau da lauert die größte Gefahr für das Spiel, nämlich seine Instrumentalisierung: *„Immer schon war die Versuchung groß, den Zauber des Spiels zu missbrauchen und anderen, spielfremden Interessen zu unterwerfen."* (HÜTHER/QUARCH, 2018, S. 105) Zugegebenermaßen eine Gratwanderung für Menschen, die ein Spiel zu lehren haben. Gesetzliche Vorgaben definieren den Auftrag des Lehrers, im „Bundesgesetz vom 25. Juli 1962 über die Schulorganisation" heißt es:

„Die österreichische Schule hat die Aufgabe, an der Entwicklung der Anlagen der Jugend nach den sittlichen, religiösen und sozialen Werten sowie nach den Werten des Wahren, Guten und Schönen durch einen ihrer Entwicklungsstufe und ihrem Bildungsweg entsprechenden Unterricht mitzuwirken. Sie hat die Jugend mit dem für das Leben und den künftigen Beruf erforderlichen Wissen und Können auszustatten und zum selbsttäti-

gen Bildungserwerb zu erziehen. Die jungen Menschen sollen zu gesunden und gesundheitsbewussten, arbeitstüchtigen, pflichttreuen und verantwortungsbewussten Gliedern der Gesellschaft und Bürgern der demokratischen und bundesstaatlichen Republik Österreich herangebildet werden. Sie sollen zu selbständigem Urteil, sozialem Verständnis und sportlich aktiver Lebensweise geführt, dem politischen und weltanschaulichen Denken anderer aufgeschlossen sein sowie befähigt werden, am Wirtschafts- und Kulturleben Österreichs, Europas und der Welt Anteil zu nehmen und in Freiheits- und Friedensliebe an den gemeinsamen Aufgaben der Menschheit mitzuwirken.“ (https://www.ris.bka.gv.at/ GeltendeFassung.wxe?Abfrage=Bundesnormen&Gesetzesnum mer=10009265, abgerufen am 26. 9. 2019)

Will das der einzelne Schüler auch? Wollen das wirklich alle Schüler? Ein Spannungsfeld ist schnell gezeichnet:

In diesem abgezirkelten Feld als Lehrer einen Konsens zu schaffen, der zuletzt auch den eigenen Ansprüchen genügt, ist ein herausforderndes Ansinnen. Will dieser Konsens gelingen, muss klar definiert sein, was der Lehrer an Inhalten vermitteln muss, soll und will. Für „Fußball" ist – wie für jedes andere Fach auch – der **Bildungsauftrag** unumstößlich, was die Bildungsinhalte betrifft, so müssen sie konkret verbalisiert sein. Die Grundfrage diesbezüglich lautet: Soll *„ernsthafter Sport"* vermittelt werden, von dem George ORWELL einmal anklagend gemeint hat, er sei *„geprägt von Haß, Eifersucht, Prahlerei, Mißachtung aller Regeln und der sadistischen Freude, Gewalt zu beobachten, mit anderen Worten, ein Krieg ohne den Gebrauch der Waffe"* (ORWELL, zitiert nach: CAYSA, 1996, S. 197), oder *„das Spiel als eine Form von Aktivität, als sinnvolle Form und als soziale Funktion"* (HUIZINGA, 2017, S. 12)? Vereinfacht gesagt: Sport oder Spiel? Zweifelsohne kommt man aus diesem Dilemma, ohne definitorische Abgrenzungen hier vornehmen zu wollen, nicht schlüssig heraus. Eine Lösung generiert die Dualität des Lehrers-Wirkens: Geht es um Vermittlung von fachspezifischen Inhalten, rückt Fußball als Sport wohl in den Fokus, ist Erziehungsarbeit zu leisten, wird das Spiel betont. Ist eine strikte Trennung dieser Facetten in der Praxis auch unmöglich, so bietet dieser Ansatz zumindest Zugänge.

Wenn das Lernen sui generis gerne als zentrales Anliegen der Schule gesehen wird, so bietet „Fußball" – symbiotisch als Spiel und Sport – ein brauchbares Exerzierfeld. Ein übergeordneter Anspruch ist klar formuliert: Absolventinnen und Absolventen unserer Schule sollten im Falle eines (professionellen) Engagements im Fußball (oder wo auch immer sonst!) weder schriftlich darauf hingewiesen noch dazu angehalten werden müssen, einen respektvollen Umgang mit anderen zu pflegen und eine vorbildliche Berufsauffassung an den Tag zu legen, wie das für Mario BALOTELLI vom OGC NIZZA scheinbar notwendigerweise vertraglich zu fixieren war, denn ein ordentliches Verhalten sollte – wohlgemerkt als zusätzliche Prämie zum Grundgehalt von 405 000 Euro! – mit 45 000 Euro fürstlich honoriert werden (vgl. BUSCHMANN/WULZINGER, 2017, S. 93).

Um noch einmal auf das oben skizzierte Spannungsfeld zurückzukommen: Dem Bildungsauftrag ist möglicherweise eher über die sportartspezifische Dimension des Fußballs Genüge zu leisten, Wünsche, vor allem aber Bedürfnisse der Kinder und Jugendlichen lassen sich wahrscheinlich eher über den spielerischen Anteil der Sportart erfüllen.

Denn, um es endlich auf einmal herauszusagen, der Mensch spielt nur, wo er in voller Bedeutung des Wortes Mensch ist, und er ist nur da ganz Mensch, wo er spielt.
(SCHILLER, o. J., S. 601)

Der Phantasie des Lehrers, des Fußball-Lehrers, des Trainers – wie auch immer – sind diesbezüglich keine Grenzen gesetzt, sein pädagogisches Geschick wird ihn das Richtige zum richtigen Zeitpunkt und zum beabsichtigten Zweck wählen lassen.

Eine Ausbildung nach Plan

Nichtsdestotrotz muss Klarheit über das herrschen, was sportartspezifisch vermittelt werden soll. Am BRG Bad Vöslau-Gainfarn wurde deshalb bald der ursprüngliche – rudimentär gehaltene – Ausbildungsplan verworfen und durch einen neuen, konkrete Inhalte nennenden ersetzt. WEBER/BERNHARDT übernahmen diese Konkretisierungen und schufen auf Basis des neuen kompetenzorientierten semestrierten Lehrplans, der mit dem Schuljahr 2016/17 in Kraft trat, einen Ausbildungsplan, dessen Inhalte in der Fachgruppe zur Diskussion standen und nach deren Billigung der Schulaufsicht vorgelegt wurde. Da – schulautonom – die Spezialisierung der Ausbildung schon ab der 7. Schulstufe beginnt, wurden auch die Ausbildungsziele für die Schulstufen 7 und 8 nach jenen der Oberstufe ausgerichtet, ein durchgängiges Ausbildungsprinzip soll dadurch gewährleistet sein. Der Lehrplan unterscheidet 5 Kompetenzbereiche, sie bilden das Grundgerüst des Ausbildungsplans.

Für die Schüler und Schülerinnen der 1. Klasse (5. Schulstufe) und 2. Klasse (6. Schulstufe) wurde ein Konzept erarbeitet, das sie in den Fußball-Zweig einführen und ihnen Intentionen der Ausbildung vorstellen soll. In groben Zügen soll dieses Konzept für die wöchentliche FB-Einheit umrissen werden:

Etwa 60 Schülerinnen und Schüler kommen an und organisieren sich selbst in Kleingruppen. Es stehen ihnen der gesamte Rasenplatz, 4 bewegliche Tore und 50 Bälle zur Verfügung. Seitens der 4 Lehrer gibt es keine Auflagen, lediglich der sichere Einsatz von Sportgeräten muss gewährleistet sein. Die Lehrer beobachten das Geschehen (Teamverhalten, Konfliktlösung, Herausbildung von Hierarchien, fußballspezifische Fertigkeiten, …). Die **„Park"**-Idee, wie wir sie nennen, wurde von LANDERL/WEBER geboren, um ein ausgewogenes Bild der Kinder zu bekommen, wie sie sich außerhalb des geregelten Trainingsbetriebs verhalten. Die Dauer dieser Unterrichtssequenz umfasst etwa 20 Minuten.

Während der Feststellung der Absenzen erfolgt die Organisation des sich anschließenden Stationenbetriebs, der etwa 60 Minuten in Anspruch nimmt. Auf dem Programm stehen ein freies Spiel auf 2 Tore, sensomotorische und laufkoordinatorische Impulse, „Ballarbeit" (Basistechniken, Ballkontrolle) sowie ein gecoachtes Spiel, für das KUMMER verantwortlich ist:

Besondere taktische Schwerpunkte werden den Spielern immer wieder vor Augen geführt. Mannschaften werden oft von den Schülern selbst zusammengestellt, soweit die Spieler die hierfür erforderlichen fußballerischen Grundtugenden erfüllen. Bei Anfängern, mit diesem Ballsport noch nicht so vertrauten Schülern, legt der Lehrer/Trainer einfache, nicht überfordernde taktische Aufgaben fest. Schwerpunkte können sowohl offensives als auch defensives Verhalten betreffen, wobei das Augenmerk des Lehrers auf die individuelle taktische Ausrichtung der Spieler und das gruppentaktische Verhalten gerichtet ist.

Es bedarf des Fingerspitzengefühls des Übungsleiters, seinen Spielern möglichst viel Phantasie beim Spiel gewähren zu lassen. Die Spieldauer ist mit etwa 20 Minuten begrenzt. Zu viele Unterbrechungen mit ständiger Kritik haben keine positiven Effekte auf die Motivation und Spielfreude der Schüler.

Entscheidet sich der Trainer, aufgrund großer taktischer Defizite das Spiel „einzufrieren" (zu stoppen), sind die Spieler gefordert, Lösungen für ein besseres Verhalten zu suchen und zu finden. Denkanstöße zu vermitteln, obliegt dabei dem Trainer. Natürlich kann auch ein besonders gut gelungener Spielzug mit optimalen Laufwegen für einen kurzen Spielstopp sorgen, um eine solche Aktion besonders hervorzuheben. Während sich für das Angriffsspiel das Schaffen von Überzahlspiel, das Bewegen in den freien Raum, mutiges Auftreten im 1:1-Spiel und der Torabschluss als Schwerpunkte anbieten, kann man für das Spiel gegen den Ball das Verschieben der einzelnen Formationen und das Verteidigen gefährlicher Räume als Schwerpunkte setzen.

Zwei bis drei Impulse durch den Trainer gewährleisten hohe Konzentration und Motivation der Schüler und führen langfristig zu einer Verbesserung sowohl der individuellen als auch der gruppentaktischen Komponente.

Am Ende des Spieles sollen die Schüler ihr Spiel reflektieren und beschreiben, was sie aus diesem Spiel für die Zukunft mitnehmen werden. Dadurch bekommt auch die Lehrperson ein kurzes Feedback.

Zusammengefasst die wichtigsten Coachingpunkte:
_ Die Schüler sollen selbst Lösungen finden
_ Die Sprache ist einfach gehalten und schülergerecht

_ Der Lehrer vergewissert sich, ob die Schüler seine Anweisungen verstanden haben und auch umsetzen können

_ Die „Einfrierphase" darf nicht zu lange dauern, weil trotz allem das Spiel, die Freude, der Spaß im Vordergrund stehen sollen

Der Output des „gecoachten Spiels" ist riesig. Schüler setzen die Punkte natürlich nicht immer gleich um, man merkt aber von Woche zu Woche, dass Verbesserungen eintreten.

Nach dem organisierten Abbau des Stationenbetriebs durch die Schüler und einer kurzen Reflexion der Unterrichtseinheit werden die Schülerinnen und Schüler entlassen.

Im Normalfall durchlaufen 3 Gruppen zu je etwa 20 Schüler/Schülerinnen diesen Stationenbetrieb, die Bildung der Gruppen erfolgt durch die Kinder selbst, indem sie sich – gemäß ihrer Selbsteinschätzung ihres Leistungsvermögens- einer dieser 3 Gruppen zuordnen. Wechsel während des Schuljahres sind jederzeit möglich. Schüler, die in die Schülerliga-Mannschaft aufgenommen wurden, werden in einer Gruppe zusammengefasst.

Die Schwerpunkte unserer Arbeit mit Schülern/Schülerinnen der 7. Klasse – die 11. Schulstufe wurde zur Veranschaulichung exemplarisch ausgewählt – sollen aus der nachstehenden Tabelle ersichtlich sein:

7. KLASSE/11. Schulstufe	
FACHKOMPETENZ – MOTORISCHE FÄHIGKEITEN	Ausgleich von muskulären Dysbalancen
FACHKOMPETENZ – MOTORISCHE FERTIGKEITEN	**INDIVIDUALTECHNIK** **INDIVIDUALTAKTIK/GRUPPENTAKTIK – ANGRIFF** **INDIVIDUALTAKITK/GRUPPENTAKTIK – ABWEHR**
METHODENKOMPETENZ	fußballspezifische AW-Programme Mobilisieren/Stabilisieren/Kräftigen/Dehnen Turnierleitung
SOZIALKOMPETENZ	Gestaltung von Unterrichtsteilen Leitung von Gruppen
SELBSTKOMPETENZ	Entwicklung von persönlichen Lernwegen zur Zielerreichung

Die in der Übersicht vorgestellten Inhalte sind leicht in das „Fünfgestirn" der angestrebten Ausbildung am Schulstandort einzuordnen und ergeben sich auch aus erhobenen Notwendigkeiten:

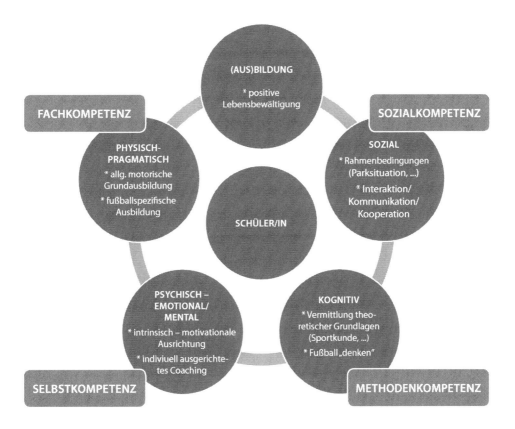

(WEBER, 2016)

Der Fußballzweig des BRG Bad Vöslau-Gainfarn hat sich schüler- und bedarfsorientiert positioniert und auch aus alternativen Bildungsinstitutionen Anleihen gemacht, was ihm ein eigenes Profil gibt und ihn schlussendlich von anderen Einrichtungen grundsätzlich unterscheidet:

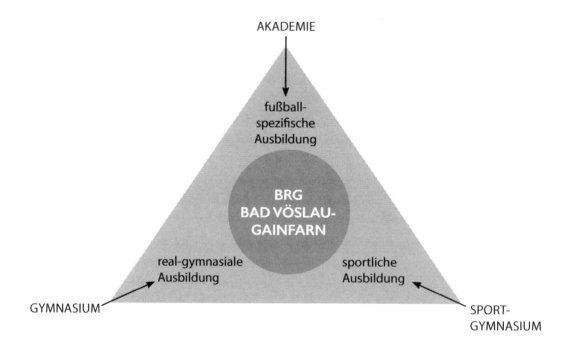

Damit glauben wir, eine „Nische" im Ausbildungsspektrum, das sich Kindern und Jugendlichen im südlichen NÖ bietet, besetzt zu haben, die sowohl von ihnen als auch von ihren Eltern als lukrativ eingeschätzt wird.

Über allem steht das Bemühen, mit dem Fußball-Unterricht einen Beitrag zu einer positiven Lebensbewältigung zu leisten. Die Ausbildung am Schulstandort soll den Eignungen und Neigungen des Einzelnen insofern Rechnung tragen, als nicht nur der Trias „Körper–Geist–Seele" Beachtung geschenkt wird – verwiesen sei in diesem Zusammenhang auf verschiedenste Möglichkeiten im Umgang mit Schülerinnen und Schülern auch in krisenhaften Situationen (familiäre Probleme, Verletzungen, schulische Schwierigkeiten, …) –, sondern auch weitere Ausbildungsschienen angeboten werden:

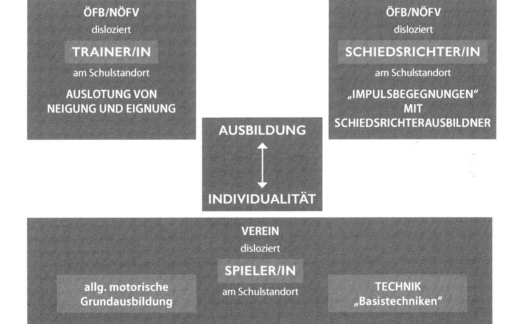

(WEBER, 2016)

TE-TA-MENT – das Ausbildungsfundament

Die fußballspezifische Ausbildung am Standort ruht grundsätzlich auf 3 Säulen:

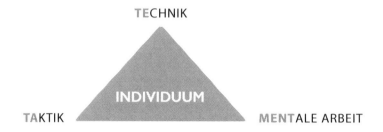

Wir wissen sehr wohl, dass wir den Fußball nicht erfunden haben, noch wollen wir ihn neu erfinden, lediglich in der – manchmal vielleicht etwas eigenwillig anmutenden – Umsetzung des einen oder anderen Segments glauben wir doch, innovativ zu sein.

Jeder Spieler muss seine eigene Geschwindigkeit finden. Menotti, der sehr wohl von Fußball sprach, und zwar sehr gut, schrieb, dass „das Training mit dem Ball dem Spieler hilft, zu entdecken, bei welcher maximalen Geschwindigkeit er noch präzise sein kann". Wer das nicht schafft, schenkt dem Gegner den Ball, und das allerdings sehr schnell. (VALDANO, 2006, S. 132)

Ohne jetzt eingehender KUCKLICKs Modell der *„granularen Gesellschaft"* diskutieren zu wollen, die er als – scheinbar unausweichliche – Folge der Digitalisierung ortet (vgl. KUCKLICK, 2014, S. 10), soll uns doch zu denken geben, dass er den neuen Menschen als *„nicht mehr individuell, sondern singulär"* (ebd., S. 19) sieht und wir so *„die Krise der Gleichheit"* (ebd., S. 51) erleben (werden). Logisch und konsequent weitergedacht, käme es bald zu Manifestationen, die jedes Spiel, auch das Fußballspiel, massiv beeinträchtigten.

Das Erleben des Spiels und das Erlernen bedingender Techniken und taktischen Verhaltens soll bei uns auf analogem Weg ausgereizt werden.

Die Technik ist nötig, um (...) den Ball die Arbeit machen lassen zu können. (CRUYFF, 2016, S. 290)

Welche Trainingsform zum Einsatz kommt, hängt vor allem von jenen Faktoren ab, die Trainingsplanung und Schwerpunktsetzung tangieren. Wertvolle Anregungen für das Koordinations- und Techniktraining bietet uns u.a. UHLIG, der der Komplexität dieses Sektors des Fußballspiels mit klaren begrifflichen Zuordnungen zu Leibe rückt, auf Praxisnähe achtet und vor allem klare didaktisch-methodische Vorgangsweisen beschreibt (vgl. UHLIG, 2016, S. 20 f.).

Was FRANTA für das Torwarttraining vorschlägt, lässt sich auch auf Feldspieler-Techniken umlegen: isoliertes Training, kombiniertes Training, komplexes Training (vgl. FRANTA, 2014, S. 23).

Anhand dreier banaler Beispiele soll illustriert werden, wie Fußballspezifika mit den zu Unterrichtenden erarbeitet und perfektioniert werden:

BEISPIEL 1: Isoliertes Training

Ballführungstechniken/Finten/Torabschluss (bzw. Zuspiel)
(vgl. TITZ/DOOLEY, 2010, S. 148 f.)

Organisation:

1   2   3

Schwerpunkte (TE):	1 Ballführen
	2 Finte
	3 Abschluss (bzw. Zuspiel)
Ausführung:	moderates Tempo → höchstes Tempo
	Hütchen → aktiver Gegenspieler
Variation:	a) Organisation
	b) Techniken
	c) Ausführung

Eine solch einfache Anordnung eignet sich hervorragend, um detailliert zu arbeiten. Außerdem sind hinsichtlich eines variablen Trainings dem Einfallsreichtum des Trainers Tor und Tür geöffnet, aus dieser simplen Grundordnung wettspielaffine Konstellationen zu schaffen. Ob die Ganzheitsmethode (G-Methode) (vgl. FETZ, 1988, S. 38) oder die Teilmethode

(T-METHODE) (vgl. ebd., S. 38) angewandt wird, entscheidet entweder der Lehrer oder der Schüler/die Schülerin oder der Lehrer gemeinsam mit dem Schüler/der Schülerin, je nach Ausbildungsstand oder Ausbildungsintention.

Wenn wir von Fußball reden, ist alles möglich. Dieselbe Diagnose kann zum Beispiel unterschiedliche, ja sogar entgegengesetzte Maßnahmen nach sich ziehen. Es können sich auch beide als erfolgreich erweisen, vorausgesetzt man glaubt daran. (VALDANO, 2006, S. 187)

Obwohl Kognitions- und Sportspielforscher wie MEMMERT et al. mit dem isolierten Techniktraining – ja sogar mit dem „Coerver-Coaching" – hart ins Gericht gehen, so können wir diesen Methoden sehr wohl auch Positives abgewinnen, vor allem in pädagogischer und motivationaler Hinsicht. Dass der Transfer mitunter isoliert geübter Segmente in arrangierte Situationen mit differenzierten Druckspektren so schnell wie möglich zu erfolgen hat, ergibt sich aus der Komplexität des Spiels. Wir glauben, gute Erfahrungen damit gemacht zu haben, ein wiederholt frustrierendes technisches Element aus dieser Komplexität herauszuheben, es „isoliert" – also ohne Gegner-, Zeit- und Raumdruck – zu erarbeiten und dann wieder in den ganzheitlichen Rahmen zurückzuführen, wenngleich wir empirische Belege für die Effizienz dieses Vorgehens schuldig bleiben müssen.

BEISPIEL II: Kombiniertes Training

Passen im Fünfeck mit Positionswechsel
(vgl. THÖMMES, 2012, S. 87)

Organisation:

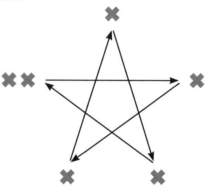

Schwerpunkte (TE):   Ballmitnahme

                              Zuspiel

Ausführung: Ballmitnahme + Zuspiel → direktes Zuspiel

                              Passqualität

Variation: a) Organisation

                              b) Techniken

                              c) Ausführung

Es hat mir gezeigt, dass das Einfachste oft das Schwierigste ist. So halte ich das Spiel mit einem Ballkontakt für eine vollendete Form der Technik. Doch um den Ball perfekt über einen einzigen Kontakt spielen zu können, muss man zuvor hunderttausend Ballkontakte gehabt haben.
(CRUYFF, 2016, S. 21)

Es geht wieder um die Arbeit am und im Detail. FRANTA/ WEBER haben über einen längeren Zeitraum hinweg „Torwart-Aktionsphasen" diskutiert und auf allen Leistungsstufen verglichen, mit einem Ergebnis, das FRANTA in sein Kompendium aufgenommen hat:

1. Ausrichtung nach Ball
2. Bewegung zum Ball
3. Arbeit am Ball (vgl. FRANTA, 2014, S. 20)

Für die Reflexion bzw. Analyse angewandter Techniken, beispielsweise der Ballannahme oder der -mitnahme, eignet sich diese Simplifizierung hervorragend, um klare Aussagen treffen oder Hilfestellungen geben zu können, wie überhaupt für die praktische Arbeit auf dem Feld einfache Ansätze didaktisch-methodischer Natur am effizientesten zu sein scheinen. Die Fähigkeit, komplexe Abläufe vereinfacht darbieten zu können, weist einen Unterrichtenden wohl auch als kompetent aus, setzt ihn aber mitunter einer Kritik aus, die dem Spannungsfeld geschuldet ist, das sich wie folgt darstellt:

Theorie
(aktueller wissenschaftlicher Erkenntnisstand)

Lehrer

(eigene) Erfahrungen   Unterrichtswirklichkeit

Gerade was die „Unterrichtswirklichkeit" betrifft, sieht sich der Lehrer vielen Umständen gegenüber, die er in seiner Planung – auch hinsichtlich des Zieles der Trainingseinheit – zu berücksichtigen hat, die die Methodenwahl beeinflussen und die pädagogisches Geschick verlangen, z.B. Leistungsheterogenität, Altersheterogenität und Entwicklungsheterogenität, motivationale Heterogenität, um nur einige wesentliche zu nennen. Differenzierung firmiert zum Allheilmittel, obwohl einem klar sein muss, dass man auch durch sie nicht jedem Schüler/jeder Schülerin zu jeder Zeit gerecht werden kann.

Von einem Idealzustand auszugehen, ist einerseits sehr hilfreich, provoziert andererseits aber auch Frustrationen, weil sich eigentlich damit ein weiteres Spannungsfeld auftut:

konzipierter, intendierter Idealzustand
(orientiert an wissenschaftlichen Erkenntnissen)

Bedürfnislage der Beteiligten
(Schüler/Eltern/Bildungs-
institution/Lehrer/...)

Traditionen/
Konventionen im
Fußball

Vor allem gegen Althergebrachtes ist im Fußball schwer anzukämpfen: Welcher Lehrer/Trainer/... will gegen einen Schüler/Spieler/... opponieren, wenn der als Einstieg in das Training stets eine „Hösche" fordert und vielleicht noch mit Unlust droht, sollte sein Wunsch nicht erfüllt werden? Aber nehmen wir Lehrer uns selbst bei der Nase: Wer gibt schon gerne (erfolgreiche) Strategien auf, auch wenn die Sportwissenschaft, die Erziehungswissenschaft, ... neue Erkenntnisse in die pädagogische Welt stellen? Vertrösten wir uns damit, dass alles ein Aber hat.

Fußball ist ein schönes Spiel, das die Mittelmäßigen im Namen des Pragmatismus hässlich machen möchten, und es ist ein primitives Spiel, das die Revolutionäre durch die Methode der Verwissenschaftlichung verletzen wollen. Sie sind so weit gekommen, dass sie den gesunden Menschenverstand aus den Augen verloren haben.
(VALDANO, 2006, S. 200)

BEISPIEL III: Komplexes Training

4:4 auf zwei Tore mit zwei Torhütern
(vgl. HYBALLA/de POEL, 2013, S. 67 ff.)

Organisation:	2 Mannschaften zu je 4 Spielern
	Spielfeld: 30 x 40 Meter
	2 Tore
	2 Torhüter
Schwerpunkte (TA):	Formation: (1-) 1 – 2 – 1
	ZU (flach) – Passqualität
	Bildung von „Dreiecken"
	Kontrolle der Abstände
	Abschluss

Ausführung:	gecoachtes Spiel → freies Spiel
Variation:	Ballkontakte
	Forcierung der 1:1-Situationen
	Arbeit in Zonen
	Spielfeldgröße (Länge/Breite)
	Zeitvorgabe
	Spieleröffnung
	Umschaltspiel

Von VOGLSINGER ist während seiner Unterrichtsarbeit immer wieder zu hören: *„Beherrsche ich den Ball, beherrsche ich den Gegner!"* (vgl. auch: VOGLSINGER/MANGOLD, 2016, S. 124; VOGLSINGER, 2018, S. 15 ff.) Der Ballbeherrschung wird am Schulstandort große Bedeutung beigemessen, wenngleich sie nicht zum Selbstzweck erhoben, sondern – in Anlehnung an die „COERVER-Pyramide" (vgl. HENSELING/MARIC, 2016, S. 415) – als Basis, als Fundament gesehen wird, wie überhaupt der „COERVER-Coaching"-Methode vor Ort gerne gefolgt wird, weil sie vor allem den Spieler als Individuum fördert (vgl. ebd., S. 415).

1:1-Situationen und Passspiel – sicher nicht so ausdifferenziert, wie das der „Hyballa/te Poel – Pass – Puzzle – IQ" transparent macht (vgl. HYBALLA/te POEL, 2014, S. 45) – bilden also einen Schwerpunkt der TE-Ausbildung am BRG Bad Vöslau-Gainfarn, mit der „STS-Methode" (Spielen – Trainieren – Spielen), wie sie auch der ÖFB vorschlägt (vgl. ÖSTERREICHISCHER FUSZBALL-BUND, o. J., S. 34), werden grundsätzlich die Techniken geschult.

Die individualtaktische Arbeit am BRG ist sowohl auf die Offensive als auch auf die Defensive ausgerichtet. Es geht um unabdingbare Grundlagen, die vermittelt werden sollen. Gerade in diesem Ausbildungssektor hat sich das „**Coaching**" als permanent zu überdenkendes Instrumentarium erwiesen, da es auch in Wettkampfsituationen funktionieren muss. Am BRG werden während der Trainingsarbeit nur fußballspezifische Parameter gecoacht und keine negativen Ausprägungen der Leistungsbereitschaft beispielsweise. Als vorteilhaft hat sich herausgestellt, dass in der Vorbereitung einer Trainingseinheit von den Lehrern die jeweils relevanten „Coachingpunkte" nicht nur gemeinsam erarbeitet, sondern auch verbalisiert werden. Bezüglich der individualtaktischen Schulung halten wir die vier „Referenzpunkte", die HENSELING/MARIC definiert haben, für äußerst hilfreich:

_ Positionierung zum Ball
_ Positionierung zu den eigenen Mitspielern
_ Positionierung auf dem Feld
_ Positionierung zu den Gegenspielern (vgl. HENSELING/ MARIC, 2016, S. 100)

Kraft, Raum, Zeit – diese Größen werden oft (so auch von Felix MAGATH) zitiert, wenn es darum geht, Fußball in die Nähe des Schachspiels zu rücken (vgl. BREUTIGAM, 2013, S. 143). Bezüglich der Erarbeitung dieser die Taktik des Spiels konstituierenden Komponenten lassen sich die W-Fragen (Wer? Was? Wann? Wie? Wo? Warum? Welche Folgen?) – sie können als Anleihe aus der Deutsch-Didaktik gesehen werden – sinnvoll und effektiv einsetzen.

An dieser Stelle sei der Einwurf erlaubt, dass gerade Fußball sich vorzüglich eignet, Zusammenhänge herzustellen, auf Konnotationen hinzuweisen, Verbindungen zu schaffen, Anknüpfungen zu suchen. Verweise sind vielfältig möglich, einige wissenschaftliche Disziplinen und gesellschaftliche Systeme, auf die sich diese Verweise beziehen können, sollen als Beispiele genannt sein: Kunst, Medizin, Physik, Chemie, Religion, Philosophie, Recht, Wirtschaft, Politik. Der Bildungserwerb kann durch solche Transfers bereichert werden, wann immer sie sich anbieten, werden sie angesprochen oder ermöglicht.

Will individualtaktische Arbeit gelingen, müssen dem Betroffenen die Spielphasen bekannt sein, auf die wir vor Ort großen Wert legen:

– Ballbesitz der gegnerischen Mannschaft
– Wechsel des Ballbesitzes zur eigenen Mannschaft
– Ballbesitz der eigenen Mannschaft
– Wechsel des Ballbesitzes zur gegnerischen Mannschaft (vgl. HYBALLA/te POEL/SCHULZE-MARMELING, 2018, S. 142)

Sowohl in Übungsformen und Ballhalteformen als auch in Spielformen wird individualtaktisches Verhalten bewusst gemacht, das „Coaching" ist nach dem Schwerpunkt und den Zielen ausgerichtet.

Durch LANDERL, der etliche Jahre seiner Profilaufbahn in Hollands höchsten Spielklassen zugebracht hat, hat sich natürlich eine Affinität zur niederländischen Taktikschulung ergeben, die sich grundsätzlich am 1–4–3–3-System orientiert (vgl. HYBALLA/te POEL, 2013, S. 141). Reine Positionsspielformen bleiben weitgehend ausgespart, das Hauptaugenmerk liegt auf allgemein-taktischen Grundhandlungen, die vor allem in kleinen Parteispielformen (bis zum 4 : 4, mit allen möglichen Über- bzw. Unterzahloptionen) geübt werden. Dabei wird den durch Raum, Zeit und Gegner entstehenden Drucksituationen Beachtung geschenkt. Eine 1:1-Situation anzunehmen oder das Zuspiel als Alternative zu wählen, stellt die größte Herausforderung dar und mutiert fast zur „Gretchen-Frage". Für dieses taktische Problemfeld soll auch dann und wann eine Videoanalyse Aufschlüsse bringen.

Positionsspiele als Trainingsform, bei denen es darum geht, *„den Ball unter Gegnerdruck zu behaupten, wobei der ballnahe Raum in ständiger Überzahl optimal ausgenutzt werden soll"* (HENSELING/MARIC, 2016, S. 155), kommen selbstredend zum Einsatz, das „Rondo" wäre hier zu nennen, das wir anstelle des Aufwärmens nicht wollen, als probates Mittel, das Kurzpassspiel zu forcieren, aber sehr wohl.

Heterogenität(en) – Signifikandum,
aber auch pädagogische Provokation

Kaum eine Metapher dokumentiert unser Bemühen, unseren Schülern und Schülerinnen gerecht zu werden und sie zufrieden zu stellen, ja sie vielleicht sogar glücklich zu machen, besser als die folgende:

Ein Schaukelpferd macht Freude, ein Rennpferd macht Freude – es haben also beide ihre Berechtigung, aber nur in ihren definierten Umfeldern: Wie das Rennpferd dem Kleinkind keine Freude bereiten wird, weil es das Kind überfordert, so wird das Schaukelpferd niemandem Freude machen, schickte man es auf die Rennbahn. Schaukelpferd und Rennpferd auf eine Stufe stellen und – ohne Rücksichtnahme auf ihre besonderen Eigenschaften, Fähigkeiten und Funktionalitäten – gleich behandeln zu wollen, wird im besten Fall nur nicht funktionieren, im schlimmsten Fall aber viele unglücklich machen.

Fußball ist die schönste Entschuldigung,
um glücklich zu sein.
(MENOTTI, zitiert nach: BIERMANN/FUCHS, 2002, S. 179)

Stellt die Ausbildung unserer Schüler/Schülerinnen hinsichtlich technischer und taktischer Belange schon hohe Anforderungen an uns Lehrende, sehen wir uns in ihrer Begleitung auf psychisch-emotionaler, mentaler Ebene noch viel intensiver gefordert, weil wir diese Begleitung ja nicht als ausgebildete

Psychologen oder Mentaltrainer gewährleisten, sondern als Pädagogen, die sich tagtäglich mit Problemen und Konflikten konfrontiert sehen, die – zugegeben – manchmal auch überfordern.

Anspruchsvoll wird das Unterfangen, weil wir der Individualität jedes Schülers/jeder Schülerin Rechnung tragen wollen. Wir sehen uns einer großen Schar von Kindern und Jugendlichen gegenüber, die ein Spektrum repräsentieren, das von Vielfalt geprägt ist. Auf unseren Sportstätten tummeln sich neben Anfängern auch Nationalteam-Spielerinnen, neben Bewegungstalenten und zukünftigen Akademie-Spielern auch weniger Geschickte. Das Zulassen dieser Vielfalt zeichnet unsere Schule aus, sie ist gleichsam zum Signifikandum des FB-Zweiges geworden. So unterschiedlich sich die Schüler und Schülerinnen auch präsentieren, eines eint sie alle: Sie lieben Fußball! Und weil dies auf so unterschiedliche Weise möglich ist, ist die Arbeit mit ihnen auch so herausfordernd, aber um nichts weniger lohnend.

Spezifika des Charakters, der Motorik, des situativen Agierens und Interagierens zu akzeptieren, Potentiale zu erkennen, mögliche Defizite ins rechte Licht zu stellen, Tadel und Lob auszusprechen, Einschätzungen vornehmen und Entscheidungen treffen zu müssen – das hält uns Lehrer auf Trab, das setzt uns unter Druck, und dieser Druck macht uns auch da und dort für Fehler anfällig.

Nur Ausgewählte, nur die Besten zu betreuen, dafür sind andere Institutionen zuständig, das Kriterium für die Aufnahme bei uns ist das „Fußball spielen-Wollen".

Belastungen sind ständig Thema –
gesundheitliche Aspekte der Ausbildung

Voraussetzung jeder körperlichen Ausbildung von Kindern und Jugendlichen ist wohl, dass ihre Betreuung so angelegt ist, dass sie das, was sie realisieren wollen, sollen, müssen, nicht nur sinnvoll möglich ist, sondern auch ohne gesundheitliche Beeinträchtigung vonstatten gehen kann. Das Spannungsfeld, das sich abbilden lässt, sieht grundsätzlich den Lehrer (des Vertrauens) in der Position des beratenden Vermittlers zwischen den einzelnen Instanzen, aber auch die Schulärztin, der Sportwissenschaftler oder der Mentalcoach kann diese Aufgabe wahrnehmen:

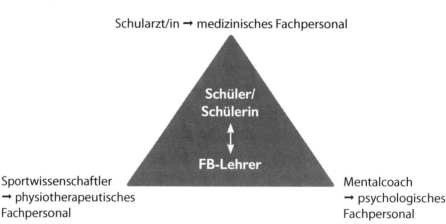

Rückmeldungen dieser Instanzen werden von BERNHARDT/ WEBER im jeweiligen Schüler-Akt administriert und stehen Dir. LIEBL und dem Fußballlehrerteam jederzeit zur Einsichtnahme zur Verfügung. Am Schulstandort sollen diese Instan-

zen die Schülerinnen und Schüler nicht nur im Ausbildungs-
prozess halten, sondern auch die Basis für *„die Kreativität
und das Staunen, diese Grundvoraussetzung für echte Bildung"*
(ANDRECS, 1993, S. 24) mitgestalten helfen.

Um keine Inhalte zu verschleppen, sollen im Folgenden
die angesprochenen Fachkräfte zu ihrer Arbeit selbst zu Wort
kommen, wir alle, die wir vor Ort mit Fußball befasst sind,
können diese Arbeit nicht genügend würdigen. Dr. Ulrike
KUMMER-FROSCH (Schulärztin, Sportärztin) umreißt ihr
Betätigungsfeld so:

Im Rahmen der Betreuung unserer SportschülerInnen im
Kontaktsport Fußball arbeiten wir schon seit Jahren in einem
interdisziplinären Betreuungsteam.

Ziel dieses interdisziplinären Teams ist es, eine optimale,
individuelle Betreuung jedes einzelnen Sportlers zu gewährleisten.

Als Sportärztin führe ich alle 2 Jahre eine sportärztliche
Untersuchung durch, dies in Zusammenarbeit mit den Sportphysiologen. Unsere Ergebnisse werden dann gemeinsam mit
den TrainerInnen in einer Teamsitzung vertraulich besprochen.

Da alle Beteiligten direkt in dieser Schule arbeiten, ist
eine ständige Vernetzung mit den einzelnen Berufssparten
möglich. Somit kommt es zu keinem Informationsverlust.

Gerade in der Betreuung von FußballerInnen wird mir
immer wieder bewusst, wie wichtig eine umfassende Betreuung und Begleitung der SportlerInnen ist. Der Kontaktsport
Fußball erfordert eine Vielzahl von physischen Eigenschaften

wie Ausdauer, Schnelligkeit, Kraft, Beweglichkeit und Koordination.

Alle diese Komponenten gemeinsam ermöglichen einen ökonomischen, energiesparenden Bewegungsablauf mit zusätzlichem Schutz vor Verletzungen und vorzeitigen Verschleißerscheinungen.

Es ist vor allem die fußballspezifische körperliche Belastung, es sind die unregelmäßigen Abfolgen von Spielabschnitten mit hoher Intensität (Sprints) und Abschnitten geringerer Intensität und Ruhepausen, die plötzlichen Stop and goes, die schnellen Richtungswechsel, die doch eine beträchtliche Wirkung auf den menschlichen Körper, vor allem auf Herz/Kreislauf und Bewegungsapparat, haben.

Ich sehe meine Hauptaufgabe darin, SportlerInnen im Rahmen von Präventionsarbeit vor Verletzungen und Überlastungssyndromen zu schützen, und positioniere mich auch als neutrales Bindeglied zwischen Trainer und Sportler.

Vor allem heißt es auch manchmal, die teils hochmotivierten jungen Menschen auch ein bisschen zu bremsen, ihnen die dringende Notwendigkeit von Ruhephasen und Regenerationszeit nahezubringen. Manchmal ist weniger mehr, die Gefahr eines Übertrainings ist immer gegeben.

Es ist mir vor allem ein Anliegen, dass SportlerInnen bei Ermüdungserscheinungen oder jeglicher Art von körperlichen oder seelischen Beeinträchtigungen das Gespräch mit den TrainerInnen suchen und diese das Training danach abstimmen.

Im Rahmen der sportärztlichen Untersuchung achte ich muskulär vor allem auf die Bauch-/Rückenmuskulatur (Core), die Muskeln der Oberschenkelrückseite und der Adduktoren.

Im Anschluss an meine Untersuchung wird im Rahmen der Teamsitzungen mit Sportphysiologen, TrainerInnen, ErnährungstherapeutInnen (bei Bedarf), dem Motivationscoach und mir ein individueller, auf den Sportler abgestimmter Trainingsplan erstellt.

Ich finde, dass sich dieses Modell sehr bewährt und eine umfassende Betreuung der SportlerInnen ermöglicht.

Für uns Lehrer ganz wichtig ist die Festlegung des aktuellen Status des Schülers/der Schülerin durch die Schulärztin. Sie stellt fest, ob die Sporttauglichkeit gegeben ist, ob sie nur eingeschränkt besteht, ob eine Turnbefreiung auszustellen ist, ob ein Rehabilitationstraining notwendig ist, ob alternatives Training angebracht ist. Nach den gegebenen Möglichkeiten werden die SchülerInnen in den Fußball-Unterricht integriert.

Mag. Florian RETTER, der von der Schule betraute Sportwissenschaftler, gibt Auskunft über die Facetten seiner Arbeit:

Seit 3 Jahren dürfen wir von „Topsport" den „Fußballschwerpunkt" im Bundesrealgymnasium Bad Vöslau-Gainfarn mit unserer sportwissenschaftlichen Expertise unterstützen.

Grundlage dafür bietet die alljährliche Leistungsüberprüfung am Beginn des Schuljahres. Hier werden die SchülerInnen der 3., 5. und 7. Klassen anhand eines sportmotorischen Tests auf ihren derzeitigen IST-Zustand überprüft. Durch den

Test werden die konditionellen Fähigkeiten im Bereich Kraft, Beweglichkeit und Sprungkraft überprüft.

Zahlreiche Projekte und Tests mit Kindern und Jugendlichen und die daraus resultierenden Ergebnisse zeigen deutlich, dass Kinder und Jugendliche in ihrer Motorik mittlerweile schon sehr stark eingeschränkt sind. Das äußert sich darin, dass Kinder keine einfachen Bewegungen mehr exakt ausführen können, wie zum Beispiel einen einfachen Purzelbaum. Gleichzeitig haben viele Schüler schon deutliche Bewegungseinschränkungen und ein ihrem Alter entsprechendes Kraftpotential ist nur mehr selten vorhanden.

Das ist auch einer der Gründe, wieso diese Tests durchgeführt werden. Einerseits, um frühzeitig oder bereits vorhandene Schwächen zu erkennen und im besten Fall zu korrigieren – dadurch können spätere körperliche Probleme und Haltungsschäden vermieden werden –, andererseits, um sportartspezifischen Verletzungen vorzubeugen und auch entsprechende Leistungsvoraussetzungen erfüllen zu können.

Das Bundesrealgymnasium befindet sich hier in einer Vorreiterrolle. Durch das große Engagement der Lehrer wird den Schülern hier eine ganzheitliche Betreuung geboten.

Anhand der Auswertungen der Tests werden Programme erstellt, welche mit den Schülern im Unterricht erarbeitet und eingesetzt werden. Um hier eine gute Betreuung zu gewährleisten, ist es wichtig, dass die Gruppen nicht zu groß sind, um professionell mit den Schülern arbeiten zu können.

Ein wichtiger Aspekt ist auch die Selbstkompetenz der Schüler. Mit den erlernten Programmen haben sie auch die Möglichkeit, selbst an ihren Schwächen zu arbeiten.

> Zudem nehmen die Eltern hier eine wichtige Rolle ein. Nur durch ein Miteinander kann eine positive körperliche Entwicklung der SchülerInnen gewährleistet werden.

Schüler, die sich auf diese binäre Ausbildung eingelassen haben, sind nicht nur massiven körperlichen Beanspruchungen ausgesetzt, sondern sehr oft auch psychisch-emotionalen. HERB stellt das Angebot am Schulstandort vor, das auch auf den mentalen Bereich abzielt:

> In unserer Schule ist es wichtig, im Rahmen der „Selbstkompetenz" Verantwortung für den eigenen Körper zu übernehmen.
>
> Where your attention goes your energy flows – Gedanken, Worte und Emotionen beeinflussen die Leistungsfähigkeit, indem sie hemmen oder beflügeln. Psychischer und physischer Stress sind mitverantwortlich für Krankheiten und Verletzungen und blockieren das logische und strukturierte Denken sowie das Erzielen des bestmöglichen persönlichen Ergebnisses.
>
> Wenn die Kontrolllampen in unseren Autos aufleuchten, kümmern wir uns sofort um eine Überprüfung bzw. Reparatur. Die Signale des Körpers – Übermüdung, Entzündungen, Schmerzen, Verletzungen – werden aber sehr oft ignoriert oder übergangen.
>
> Freiwillige Angebote unserer Schule im Rahmen des Schulalltags, der Fußballtrainingseinheiten und „Bewegung und Sport"-Unterrichtseinheiten ermöglichen unseren Schü-

lerInnen, diese Warnsignale gezielt wahrzunehmen und zu überprüfen. Für das Erkennen bzw. für die Behebung oder Behandlung von Problemen bietet die Schule einige Optionen an:

_ Schulärztin (auch ausgebildete Sportärztin)
_ Individuelles Coaching – den SportlerInnen steht in der Schule ein eigener Mentalcoach zur Verfügung
_ Vorträge über Ernährung und individuelle Beratung in Ernährungsfragen
_ Entspannungs- und Achtsamkeitsübungen
_ Progressive Muskelentspannung nach Jacobsen
_ Tellington TTouch – Aktivierung der Selbstheilungskräfte, Muskelentspannung, schnellere Regeneration, Synchronisation der beiden Gehirnhälften, Stressabbau, … durch das sanfte Verschieben der Haut in einem 5/4-Kreis
_ Emotion Free Technique – EFT löst durch das sanfte Beklopfen der Meridianendpunkte innere Blockaden, negative Emotionen wie Wut und Ärger oder negative Verhaltensmuster, die die eigene Leistungsfähigkeit herabsetzen bzw. stark beeinflussen

Für schulische Verhältnisse glauben wir, eine ausgewogene Betreuung anbieten zu können. So hoffen wir, vertiefend, ergänzend, punktuell, individuell und bedarfsorientiert Akzente zu setzen, damit auch die Vereinstrainer, die übrigens – soweit wir das einzuschätzen vermögen – absolut bemühte Arbeit leisten, zu entlasten und darüber hinaus die Eltern zufrieden zu stellen, die ja gerade von uns eine ihrem Kind gerecht werdende Auseinandersetzung einfordern dürfen.

Es muss ehrlich festgehalten werden, dass sowohl interne als auch externe Abläufe des Ausbildungsprozesses noch da und dort verbessert werden müssen, gedacht wird z.B. an Evaluationen der Belastungsanforderungen an den Schüler/die Schülerin und Konkretisierungen von Gesamtbelastungen durch Schule und Sport. Intuition und Expertise klaffen oft auseinander, bieten differente Bilder. Anlässlich der Erstellung des Kaders für ein Schülerligaspiel wurde die Mutter eines Schülers der 4. Klasse gebeten, eine Übersicht zu erstellen, aus der hervorgeht, welchen sportlichen Belastungen ihr Sohn ausgesetzt ist. Die Aufstellung für Oktober 2018 findet sich auf der nächsten Seite.

Natürlich sind nicht alle unsere Schülerinnen und Schüler dieser enormen Beanspruchung ausgesetzt, berücksichtigt man noch die sich ergebenden Wegzeiten, so versteht man unser ambivalentes Verhältnis zu Schulwettkämpfen wahrscheinlich besser.

Wer sich dazu entschließt, einen Wettkampf zu bestreiten, will gewinnen; jede andere – heuchlerische – Haltung würde den Wettkampfgedanken ja ad absurdum führen, auch im schulischen Bereich. Und wer gewinnen will, wird seine stärkste Mannschaft stellen. Und wer seine stärkste Mannschaft stellen will, wird auf seine besten Spieler zurückgreifen – und dort beginnt das Dilemma, denn die besten Spieler der Schule sind wahrscheinlich auch die besten Spieler ihres Vereins, spielen in diversen Auswahlen, werden zusätzlich

Oktober 2018		Verein	Landesverband	BRG Bad Vöslau-Gainfarn	Sonstiges
Mo	01.10.	TR		BSP (2)	
Di	02.10.	SP		FB (2)	
Mi	03.10.	TR			
Do	04.10.			FB (2)	
Fr	05.10.	TR		BSP (2)	
Sa	06.10.	SP			
So	07.10.				
Mo	08.10.	TR		BSP (2)	
Di	09.10.		SP	FB (2)	
Mi	10.10.	TR			
Do	11.10.			FB (2)	
Fr	12.10.	TR			SA (D)
Sa	13.10.	SP			
So	14.10.				
Mo	15.10.	TR		BSP (2)	
Di	16.10.	TR		FB (2)	
Mi	17.10.	SP			
Do	18.10.			FB (2)	
Fr	19.10.	TR		BSP (2)	
Sa	20.10.				
So	21.10.	SP			
Mo	22.10.	TR		BSP (2)	
Di	23.10.		TR	FB (2)	SA (M)
Mi	24.10.	TR			
Do	25.10.	TR		FB (2)	
Fr	26.10.		SP		
Sa	27.10.				
So	28.10.				
Mo	29.10.	TR		BSP (2)	
Di	30.10.	TR		FB (2)	
Mi	31.10.	SP			

BSP = Bewegung und Sport, D = Deutsch, FB = Fußball, M = Mathematik, SA = Schularbeit, SP = Spiel, TR= Training, (2) = 2 Unterrichtsstunden in einem LAZ ausgebildet, sind aufgrund ihrer sportlichen Vielseitigkeit auch für andere Schulwettkämpfe lukrativ usw. Von den sportlichen Einsatzfeldern einmal abgesehen: Die nominierten Spieler und Spielerinnen sind auch Schüler und Schülerinnen und haben als solche die gleichen Aufgaben und Anforderungen zu bewältigen wie die nicht nominierten, nur die sitzen im Unterricht und ihr Missmut über die nicht erfolgte Berücksichtigung ist spätestens dann verflogen, wenn sie ihre vom Wettkampf müden, vielleicht erfolglosen Freunde dann die schulischen Belange aufholen sehen. Und genau da sind wir Lehrer gefordert: *„Der Grat zwischen optimaler Entfaltung und Entartung wird umso schmäler, je höher sich die Ansprüche stellen."* (BIALONCZYK, 1985, S. 107)

Obwohl auch am BRG Bad Vöslau-Gainfarn die Ansprüche hoch sind, sind wir nicht dazu verdammt, auf dem Altar des Erfolge-Fetischismus alles Sinnvolle opfern zu müssen, nur um Erfolg zu haben. Natürlich freuen wir uns über erbrachte Erfolge, aber sie müssen nicht um jeden Preis eingefahren werden. Wir FB-Lehrer haben hier die volle Rückendeckung von Dir. LIEBL, wir haben total freie Hand sowohl bezüglich der Bewerbe, die bestritten werden sollen, als auch bezüglich der Auswahl der Schüler und Schülerinnen. Und sollte es einmal – trotz sorgfältiger Planung – zu schulischen Engpässen kommen, dürfen wir seitens der Direktion und der Kollegenschaft auch mit dem Entgegenkommen rechnen, Schularbeiten am Tag so zu verlegen, dass die Wettkampfteilnahme von Schülern/Schülerinnen möglich wird. Das setzt Vertrauen voraus, das wir nicht enttäuschen wollen.

Der Titel zweier kontrastierender Referate, die im Rahmen der „Leibeserziehung Enquete '85" gehalten wurden, spiegeln die Einstellung am Schulstandort wider: *„Ein grundsätzliches Ja zur Durchführung von Schulwettkämpfen"* (BIALONCZYK, 1985, S.106), aber *„Keine Wiederholung der Verbandswettkämpfe"* (BAYER, 1985, S. 115). Auf eine Auflistung bestrittener Bewerbe und dabei errungener Erfolge wird hier verzichtet, es sei auf die „Jahresberichte" des Gymnasiums Bad Vöslau-Gainfarn verwiesen, sie geben detailliert Auskunft darüber.

An dieser Stelle sollte auch einmal das gute Einvernehmen erwähnt werden, in dem unsere Schule mit allen Vereinen, aus denen unsere FB-Schüler/Schülerinnen kommen, steht, obwohl es keine vertraglich fixierten Kooperationen gibt, obwohl kaum persönlicher Kontakt zu Vereinsverantwortlichen besteht, obwohl terminliche Überschneidungen oft unvermeidbar sind. Jede Seite schätzt die Arbeit der anderen und erkennt die Bereicherung der Ausbildung der Kinder. Dass hier die Eltern unserer Schüler/Schülerinnen den wesentlichen Beitrag zu einer konfliktfreien Situation leisten, wissen wir, sie tun das zum Wohl ihrer Kinder, aber auch zu unserer Unterstützung im Sinne gelebter Schulpartnerschaft.

Fußball „denken"?

Umberto ECO behauptet: *„Viele der Theorien, die wir heute praktizieren, oder der Praktiken, über die wir Theorien zu bilden versuchen (…), sind als Nebenwirkungen einer Suche nach der vollkommenen Sprache entstanden."* (ECO, 1994, S. 33) Gilt das nicht auch für den Fußball? Haben die Divergenzen und Ambivalenzen, die in der Fußball-Fachsprache über die Zeit hindurch entstanden sind, nicht auch alternatives, neues, anderes „Denken" bewirkt? Wir sehen uns einem Konglomerat von Begriffen gegenüber, das nur schwer zu durchschauen ist und im Trainingsalltag schon das eine oder andere Missverständnis heraufbeschworen hat. Am Schulstandort lassen wir diesen dialektischen Prozess zu, synonym verwendete Termini zum Thema zu machen. Vielleicht erschließen die Begriffe „vertikales, diagonales, horizontales" Zuspiel einem eher die Dimensionalität des Raumes als die Begriffe „Spiel in die Tiefe" und „Spiel in die Breite". Welche Denkmuster evozieren Begriffe überhaupt? Entstehen im Rahmen einer metasprachlichen Auseinandersetzung mitunter nicht auch neue „Denkansätze"? Beispielsweise bezüglich des „Raumes", der sich auf dem Spielfeld offeriert? Nichtsdestotrotz glauben wir, doch konkrete Optionen anbieten zu müssen, um dieses „Raumempfinden" zu ermöglichen, um sich den „Raum" überhaupt erarbeiten zu können:

_ 1:1-Situation
_ Zuspiel
_ Bewegung mit Ball (Ballführen ohne Gegner)
_ Bewegung ohne Ball (Freilaufbewegung)

Was kann ich erkennen? Was soll ich tun? Was darf ich hoffen? – man verzeihe den Ausflug in die Philosophie hier, diese Fragen erweisen sich aber auch methodisch als stimmig.

Wir kommen – gerade in der Vermittlung taktischer Anliegen – nicht um eine Auseinandersetzung mit kommunikativen bzw. interaktiven Bedingungen herum. Ob das nun grundsätzliche Überlegungen sind, die beispielsweise auf die Differenz des Kodes, der Erfahrungen, der Konnotation, der Sprachschicht abzielen (vgl. NOWOTNY, 1979, S. 107), oder ob es um Erklärungen zur „Schwarmintelligenz" geht – man wird BREITENSTEIN recht geben müssen: *„Nicht was, sondern wie übermittelt wird, das vor allem wirkt auf den Empfänger."* (BREITENSTEIN, 1988, S. 271)

Häufig bietet sich die Metapher als Kommunikationsmittel an, wie überhaupt das Fußballspiel *„eine hervorragende Metapher für eine freie, gleiche und individualistische Gesellschaft"* (CURI, 2013, S. 283) ist, *„denn niemand kann dem Ball in autoritärer Form befehlen, wohin er rollen soll"* (ebd., S. 283). Es schließt sich der Kreis: Warum denn den Ball nicht als Medium sehen? Vorausgesetzt der Schüler/die Schülerin hat Einsichten in zwischenmenschliche Kommunikation, die sich *„als Conditio sine qua non für die Menschwerdung bzw. für das Menschsein"* (WEISZ, 1990, S. 106) erweist, gewonnen – warum machen wir uns dann nicht auch im Fußball diese Einsichten zunutze? Sachinhalt, Selbstoffenbarung, Beziehung, Appell – die vier Seiten einer Nachricht (vgl. SCHULZ von THUN, 2006, S. 30) in den Dienst des Fußballs gestellt? Warum nicht!

Am Schulstandort versuchen wir – da und dort –, Fußball auch aus solchen Blickwinkeln betrachten zu lassen. Das Coaching, auch das nonverbale, das Spiel in und mit verschiedenen Rhythmen, das „Denken" von Raum und Zeit, das Hinterfragen pragmatischer Manifestationen, taktische Kreativität, Polyvalenz, Bewertung vermeintlicher „Fehler", ... unter den oben genannten Gesichtspunkten erscheint vieles in neuem Licht.

Werte ja, aber welche?

Die entscheidende Frage ist die nach den zu vermittelnden Werten, die sich am besten an Detailfragen aufhängen lässt:

Welche Werte können, möchten, müssen, dürfen, sollen, wollen wir vermitteln, um unserem Bildungsauftrag gerecht zu werden?

Wie können, möchten, müssen, dürfen, sollen, wollen wir diese Werte vermitteln, um unserem Bildungsauftrag gerecht zu werden?

Wir als Pädagogen kommen hier zuweilen in des Teufels Küche, denn wir agieren allzu oft in einem luftleeren Raum. Im „Präludium" seiner Streitschrift „Ach, die Werte!" skizziert von HENTIG die Problematik und bringt die Zweifel auf den Punkt: *„Einer, der sich für die Pädagogik, diese notwendige und unvollkommene, diese ungeliebte und tunlichst bescheidene Tätigkeit verantwortlich fühlt, muß sich in beiden Richtungen behaupten: gegen die wahlkämpfenden Bildungspolitiker und gegen die didaktischen Hexenmeister."* (von HENTIG, 1999, S. 9f.)

Mit dem Bekenntnis, „Individuation", unter der HAHN „*den Entwicklungsprozeß zur Selbstfindung des Individuums mit dem Ziel einer Differenzierung und Reifung der Persönlichkeit zum Selbst (Ich) gegenüber dem Kollektiven*" (HAHN, 1982, S. 25) versteht, ermöglichen zu wollen, könnte man alle Bedenken, die durch die obengestellten Fragen etwaig aufkommen, problemlos vom Tisch wischen, will man sich keine weiteren Gedanken über Realisierungen machen, die HAHN auch anspricht: „*Ich-Stärke und Ich-Identität sollen entwickelt und reziprok (umgekehrt) wieder im zukünftigen Verhalten realisiert werden.*" (HAHN, 1982, S. 25) Aber was tun, wenn Maßnahmen der Entwicklung des einen dienen, jene des anderen aber gefährden? Für die tägliche Erziehungsarbeit helfen nur Konkretisierungen im Zusammenhang mit Soll-Zuständen, um die man nicht umhinkommt, sollen Anliegen und Grenzen erfahrbar sein.

Der folgende **Kodex** umfasst die wesentlichen Eckpunkte unserer Erziehungsarbeit und soll Erziehungsabsichten der FB-Lehrer am BRG Bad Vöslau-Gainfarn erhellen, er stellt gleichsam ein Ideal dar, das wir anstreben wollen.

Diese Arbeit soll – bildlich gesprochen – auf gesunden Füßen stehen und jederzeit nachvollziehbar sein:

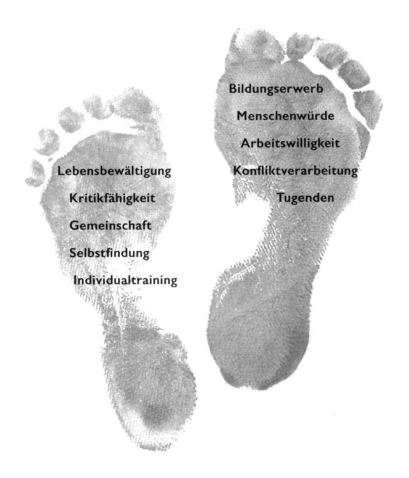

Bildungserwerb
Menschenwürde
Arbeitswilligkeit
Konfliktverarbeitung
Tugenden

Lebensbewältigung
Kritikfähigkeit
Gemeinschaft
Selbstfindung
Individualtraining

Bildungserwerb –

egal auf welcher Ebene – erfordert Einsatz von allen Seiten.
Wenn Bildung als essentieller Part der gesellschaftlichen
Kultur gesehen wird, dann obliegt deren Erwerb gewissen
Parametern. POSTMAN sieht Gefahren: *„Es gibt zwei Mög-
lichkeiten, wie der Geist einer Kultur beschädigt werden kann.
Im ersten Fall – Orwell hat ihn beschrieben – wird die Kultur
zum Gefängnis; im zweiten Fall – ihn hat Huxley beschrieben –*

verkommt sie zum Variete'." (POSTMAN, 2003, S. 189) Für den FB-Unterricht am Schulstandort wollen wir beides nicht, weder starres Korsett noch unverbindliche Unterhaltung.

Menschenwürde

Lernen funktioniert nur in einem Umfeld, das von einem wertschätzenden Umgang aller am Lernprozess Beteiligten geprägt ist. Begeisterung muss genauso ausgelebt werden dürfen wie selbstständiges, eigenverantwortliches Agieren im Rahmen der festgelegten Grenzen. Die **Würde des Menschen** muss zu jeder Zeit geachtet sein. Das fordern wir ein.

Arbeitswilligkeit

„Exekutive Funktionen machen sportlichen Erfolg" (BECK, 2014, S. 125) übertitelt BECK ein Kapitel seines absolut anregenden Buches „Sport macht schlau" (2014), in dem er weiter ausführt: *„Einerseits fördert Sport die exekutiven Funktionen, was sich in einer erhöhten geistigen Lernleistung niederschlägt. Andererseits hängt der sportliche Erfolg zu einem bestimmten Teil vom Niveau der exekutiven Funktionen ab – zumindest im Fußball."* (ebd., S. 125)

Erkenntnisse unterschiedlichster Wissenschaftsbereiche – hier der Hirnforschung – werden diskutiert und fließen in die Unterrichtsarbeit ein. Sie sollen intrinsische Motivation fördern.

Fußball spielt man mit dem Kopf,
und der setzt dann die Beine ein.
(CRUYFF, 2016, S. 90)

Die Schüler und Schülerinnen haben nicht nur das Recht, in der Schule etwas zu lernen, sondern auch die Pflicht. **Arbeitswilligkeit** wird stets angesprochen und konsequent als Bringschuld apostrophiert. Reflexionen sollen den Schülern/Schülerinnen helfen, ihren Zugang und ihren Umgang mit dem Pflichtfach Fußball immer wieder zu überdenken.

Tugenden

Manches braucht den **Prozess**, den **Weg**, den **Versuch**, das **Wagnis**, ausreichend **Zeit** und **Geduld** von vielen Seiten, um zustande zu kommen. Talent allein genügt nicht! Mut, aber auch **Demut**, Freiheit, aber auch **Disziplin**, Gelassenheit, aber auch **Fleiß** sind Tugenden, an denen im Fach „Fußball" gearbeitet wird. Es ist die Arbeit an sich selbst, die zum Erfolg führt, wie das BUEB auch für ein Musik-Genie wie Beethoven ausmacht (vgl. BUEB, 2007, S. 156).

Dass sich der einzelne Schüler, die einzelne Schülerin oft unreflektiert in einem Netz von Diskrepanzen bewegt und zu behaupten hat, daraus wird gesellschaftlich grundsätzlich kein Hehl gemacht, nur sehr unterschwellig wird allerdings die latente Relevanz für die Entwicklung des Einzelnen wahrgenommen, wenn sie nicht offen diskutiert und bewusst gemacht wird. Angeborene überdurchschnittliche motorische Begabungen sollten dabei schöpferische, kreative Fähigkeiten nicht überlagern, psychisch-emotionale Konditionen nicht als unumstößliche Bedingtheiten, sondern als durchaus ins Positive veränderbare Größen gesehen werden und soziale Verflechtungen – man denke hier beispielsweise an den „Gruppendruck", dem Jugendliche permanent ausgesetzt sind

– müssen zugunsten von Selbstbestimmtheit aufgelöst werden dürfen, will man den jungen Menschen in seinem Reifeprozess unterstützen, und um den geht es ja schließlich.

Wir stehen zu einem Umgang mit Kindern und Jugendlichen, der der Selbstdisziplin Platz einräumt und mit der Verantwortung kokettiert, die umso größer zu werden hat, je flacher die Hierarchien sind.

Konfliktverarbeitung

Konflikte sind unausweichlich, ihnen wird offen begegnet. „Saubere" Lösungen von Konflikten sollen erarbeitet werden, **Konfliktlösungsstrategien** streben WIN-WIN-Situationen an.

Lebensbewältigung

Wir sind überzeugt davon, dass Sport sui generis Potentiale in sich birgt, die herangezogen werden können, Kompetenzen entwickeln zu helfen, die in den Dienst sowohl einer **positiven Lebensbewältigung** als auch der **Bewältigung von Krisensituationen** gestellt werden können. Wir arbeiten in diesem Zusammenhang gerne mit Metaphern und Modellen. Als Beispiel sei das „Klaviermodell" genannt, in dem KOLLER *„die Tastatur eines Klaviers mit dem Repertoire an Möglichkeiten, über die ein Mensch zur Krisenbewältigung verfügt"* (ANGERER, o. J., S. 35), in Vergleich setzt. Wenn nur ein Schüler/ eine Schülerin Nutzen aus diesem Ansinnen zieht, hat es sich schon bezahlt gemacht. Wir hoffen, mit unserem Unterricht zumindest eine Taste anschlagen zu können.

Kritikfähigkeit

Anknüpfungspunkte für Gespräche stellen immer wieder auch *„rituelles Geschehen"* (GEBAUER, 2016, S. 180) und *„ritualisierte Praxis"* (ebd., S. 180) im Fußball dar. Ob es sich dabei um die „Hösche", um das Handgeben oder um das Siezen oder Duzen handelt, ist irrelevant: Der **kritisch-reflektierende Schüler**, die **reflektierend-kritische Schülerin** soll eine realistische Sichtweise auf seine/ihre Sportart gewinnen, die nicht unbedingt eine mythisch-magische verdrängt. Auch von Lehrern, FB-Lehrern, getroffene Entscheidungen sollen so als Expertise oder als „Bauchgefühl" verifiziert werden können.

Gemeinschaft

Egozentrisch an die Lösung von Aufgaben in den Bereichen TE-TA-MENT heranzugehen, muss nicht – wie häufig kolportiert – (zwangsläufig) auf Kosten anderer gehen. Im Gegenteil: Wenn ich mein Leistungspotential ausgeschöpft habe, kann ich die erarbeiteten Fähigkeiten und Tugenden natürlich auch in den **Dienst an der Gemeinschaft** stellen. Das ist Erziehungssache und Aufgabe von uns FB-Lehrern, diese scheinbaren Widersprüche aufzuheben und gewinnbringende Optionen bewusst zu machen. Erzieherische Maßnahmen in dieser Richtung sind auch lukrative Investitionen in soziales Verhalten.

Selbstfindung

Wir bemühen uns, ein das **Selbstbewusstsein der Schüler und Schülerinnen** förderndes Ambiente zu schaffen. Grundvoraussetzung ist ein respektvolles, rücksichtsvolles und auf Achtsamkeit bedachtes Verhalten im Umgang mit allen Menschen und ein schonender Umgang mit Einrichtungen. Präpotenz und Hochmut, aber auch Zynismus, Denunziation und das im Fußball so beliebte – in unseren Augen niederträchtige – „Häkeln" haben keinen Platz.

Individualtraining

Die gehandhabte Praxis, das intendierte **Individualtraining im Kollektiv** zu absolvieren, ist einerseits dem Umstand geschuldet, dass organisatorische Rahmenbedingungen oft nichts anderes zulassen, andererseits stellt sie aber auch eine bewusste Akzentuierung dar, die darauf abzielt, sich als Individuum im Kollektiv zu behaupten. Das heißt aber nicht, dass Differenzierungen – welcher Art auch immer – komplett ausgespart werden, rekonvaleszenten Schülern und Schülerinnen oder solchen, die belastungsbedingt eine spezifische Vor- oder Nachbereitung brauchen, werden Alternativen angeboten. Fingierte Verletzungen oder vorgetäuschte Unpässlichkeiten führen dann und wann zu Konfrontationen.

Der Mannschaftssport ist die einzig praktikable Anwendung des Kollektivprinzips, der einzig geglückte Ausgleich zwischen individuellem Geltungsbedürfnis und den Interessen der Gesamtheit. (TORBERG, 1998, S. 38)

Der angedeutete (vermeintliche) Widerspruch erfährt eine gewisse Plausibilität, wenn das fehlende „Mannschaftserlebnis" regelmäßig bestrittener Wettkämpfe ins Kalkül gezogen wird.

Die offerierten Wertefelder – sicher auch als Vision zu deuten – wurden nach unzähligen Gesprächen mit Schülern und Eltern hier relativ offen formuliert. Sie basieren auf humanistischen Überlegungen, auf einem Verständnis von Lernen als dialektischem Prozess, auf dem Wunsch, nicht nur am Schulstandort ein ethisch sensibles Leben zu führen, auf dem Bemühen, aus einer Sache eine gute und aus einer guten eine noch bessere zu machen. Wenn unsere „Fußball-Nische" jungen Menschen eine Chance bietet, einen zufrieden stellenden persönlichen Weg, ja sich selbst zu finden, so dürfen wir uns glücklich schätzen.

Mit diesen Wertefeldern ist ein auch basaler Rahmen für einen möglichst konfliktfreien Umgang miteinander abgesteckt, das heißt aber nicht, dass solche Übereinkommen nicht auch Konfliktstoff in sich bergen. Das für uns am schwierigsten zu handhabende Problem sind Konsequenzen, die aus dem Bemühen, Individuation zu ermöglichen, resultieren, weil (junge) Menschen einfach dazu neigen, (sich) ständig zu vergleichen: Warum wurde dem Schüler/der Schülerin das oder jenes – entgegen den allgemeinen Vereinbarungen – erlaubt, während ich mich an sie halten muss?

Vielleicht, weil der Schüler/die Schülerin, dem/der die Freiheiten zugestanden wurden, mit einem gesundheitlichen Problem konfrontiert ist, das aber aus Gründen der Verschwiegenheitspflicht, der Lehrer unterliegen, nicht öffentlich diskutiert werden kann?! Das erzeugt verständlich Unmut unter den nicht Betroffenen. Leiten sie dann ähnliche Freiheiten für sich ab, gibt es Konflikte, die nur dann zufriedenstellend gelöst werden können, wenn einerseits das Kollegium unserem Ansinnen solidarisch und loyal gegenübersteht und wir andererseits es schaffen, den nicht betroffenen Schülern den Ausgangspunkt unseres Faches wieder in Erinnerung zu rufen: Es geht um die Entwicklung jedes Einzelnen – nicht in Relation zu anderen, sondern in auszulotender persönlicher Absolutheit!

Rein menschlich ist die ambivalente Haltung der Schüler/ Schülerinnen nur allzu verständlich: Bin ich Nutznießer individueller Behandlung, dann halte ich das angewandte pädagogische Konzept für adäquat, sind es andere, sehe ich systemimmanent große Benachteiligungen und Ungerechtigkeiten. Dieser Diskrepanzen waren und sind wir uns stets bewusst und ihrer haben wir uns fast täglich anzunehmen, vor allem, weil pädagogische Agitationen mit einer solchen Ausrichtung ständig – schon auch transparent – zu rechtfertigen sind.

Welches Licht soll am Ende des Tunnels leuchten?

In Analogie zum Wertekatalog sollen noch einmal grundlegende Einsichten zur Sprache kommen, die wir am BRG Bad Vöslau-Gainfarn Schüler/Schülerinnen gewinnen lassen wollen:

_ Wir stehen zu einer **Kultur der Anstrengung** und glauben, dass sie Bedürfnissen junger Menschen eher gerecht wird als eine Unkultur des Nichtstuns und der Trägheit. Wer nicht eintauchen will in die damit verbundenen Niederungen des alltäglichen Kampfes um die Realisierung gesteckter Ziele, wird die Erfüllung in den erfrischenden Augenblicken eines gelungenen Zuspiels, eines erfolgreichen Dribblings, einer ästhetischen Ballführung wohl kaum erleben.

Das Allerwichtigste für einen Fußballer ist und bleibt es, dass er die einfachen Handlungen beherrscht: Passen, Annehmen, Stoppen mit der Brust, Beidfüßigkeit, Kopfballspiel – kurz, die grundlegende Technik. Das sind Bestandteile, die jeder trainieren kann. Zum Beispiel das gute Abspielen eines einfachen Balls. Das ist eine Frage von Wiederholungen. Vielleicht ist das langweilig, aber es trainiert das wichtigste aller Elemente im Fußball.
(CRUYFF, 2016, S. 286)

Ohne die oft strapazierte „10.000 Stunden-Regel" hier verteidigen zu wollen, sehen wir im oftmaligen – und vielleicht manchmal auch monotonen – Üben nicht nur die große Chance zur Verbesserung in fußballerischer Hinsicht, sondern auch zur Einübung in Beharrlichkeit, Geduld, Fleiß, Ausdauer, Durchhaltevermögen, Kontinuität.

Shirk or work? Schon bei der Versorgung von Trainingsutensilien nach einer Trainingseinheit stellt sich diese Frage.

_ Die Bandbreite von Antworten auf die Frage, wofür es sich denn nun lohne sich anzustrengen, wird wahrscheinlich unüberschaubar, **Zufriedenheit mit sich selbst** dabei aber immer eine Facette sein. Um diese Zufriedenheit zu erlangen, wird es unumstößlich sein, an jenen Tugenden zu arbeiten, die sie langfristig garantieren. Schüler/Schülerinnen in ihre

Eigenverantwortlichkeit zu bringen, sie in Selbstverantwortung Erfahrungen machen zu lassen, kann als eine weitere zu vermittelnde Einsicht gesehen werden. Selbstkontrolle spielt dabei eine nicht zu unterschätzende Rolle, für sie hat SPITZER drei Aspekte aufgezeigt:

„1. Ich führe mir ein langfristiges Ziel bewusst vor Augen.
2. Ich verzichte daher auf etwas, was ich jetzt gerne täte.
3. Ich bin flexibel und kann die Regeln ändern, wenn es sinnvoll ist.“ (SPITZER, 2012, S. 237)

Zugegeben: Nicht alle Schüler/Schülerinnen setzen diesbezüglich klar erkennbare Akzente, aber es sind stets mehr, als wir zu hoffen wagen. Unsere Angebote ergehen an alle! Es ist zweifelsohne ein mühsamer Prozess, dem sich Jugendliche aussetzen, vor allem wenn sie erkennen müssen, dass trotz aller Bemühungen und Anstrengungen der Erfolg sich nicht so recht einstellen will, dass das Herumgrundeln in der Reservemannschaft eines unterklassigen Vereins kein Ende nehmen will und die Aussicht auf einen Stammplatz in der Kampfmannschaft verstellt ist. Auch diese Frustrationen sind zu bewältigen – mit einem etablierten Verantwortungsbewusstsein gegenüber sich selbst, gegenüber anderen, gegenüber einer Überzeugung, gegenüber gesellschaftlichen Belangen. Nur ganz selten sind wir mit destruktiven Kritiken, ungerechtfertigten Anschuldigungen oder gar Drohungen konfrontiert, die die „Fußball-Idee“ am Schulstandort korrumpieren wollen, eine „Hinter-mir-die-Sintflut“ – Mentalität kann nur bei ganz wenigen ausgemacht werden, die unsere Anliegen partout nicht mittragen wollen. In den spärlichen Fällen sehen wir FB-Lehrer uns im gleichen Boot mit unseren Schülern/Schülerinnen: Urteile ergehen nun einmal, ob von kompetenter Seite oder nicht, es bleibt noch immer die Möglichkeit, sich nicht von solchen, die nicht aufrichtig sind, abhängig zu machen.

– „Eine Pädagogik des Denkens lässt die Schüler nicht ausschwärmen, wahrnehmen oder erleben, sondern wirft sie zurück auf die „innere Nacht der Seele", um ihnen die Möglichkeit zu geben, überhaupt erst einmal einen Gedanken zu fassen. Der Gedanke aber ist der Begriff. Und der Begriff versucht stets ein Allgemeines und – für Hegel – damit Wahres festzuhalten, das in der sinnlichen Einzelheit, in der unmittelbaren Erfahrung, im subjektiven Erleben nicht anzutreffen ist. Gerade weil in der Wirklichkeit alles mit allem zusammenhängt, wir aber diese Totalität nicht erfahren können, müssen wir sie durch die Disziplinierung der Fächer analytisch durchdringen und dann in ihren Zusammenhängen zu begreifen versuchen." (LIESSMANN, 2014, S. 68)

Fußball als eines dieser Fächer erfahrbar und erlebbar zu machen, sehen wir als eine unserer wichtigsten Aufgaben an. Aspekte des „Sportspiels" zu vereinfachen, darüber hinaus aber die totalitäre Sicht der Dinge nicht zu verlieren, halten wir für genauso wichtig wie auch wie immer geartete Absolutheitsansprüche aufzugeben, die der Entwicklung von uns anvertrauten Jugendlichen möglicherweise im Weg stünden.

HARALD WEBER

Etwas vom Fußball verstehen, was bedeutet das denn?
Nichts. Der Fußball erlaubt zu viele Wahrheiten.
Und außerdem hat uns Borges schon darauf hingewiesen,
dass Recht zu haben eine Unverschämtheit ist. Vielleicht
ist es besser, von hinten anzufangen, und zu versuchen,
die erste Frage zu beantworten: Was ist Fußball? Trotz
seiner Unsauberkeiten und Verirrungen ist Fußball für mich
in erster Linie und im Wesentlichen ein Spiel. Deshalb
handelt es sich um eine ernsthafte Sache.
(VALDANO, 2006, S. 252 f.)

Ein Ziel einer **„Pädagogik des Denkens"** ist unbestritten, dass die Jugendlichen im Rahmen der Sportausübung nicht nur über sich selbst etwas erfahren wollen, sondern auch über den Menschen schlechthin. Dieses Ansinnen sieht KUCKLICK allerdings bedroht durch überforderte Institutionen und die Entstehung eines neuen Menschenbildes: *„Da die Grenze zwischen Mensch und Maschine immer schwieriger zu ziehen sein wird, werden wir, so meine These, verführt sein, unser Selbstverständnis als rationale Wesen aufzugeben, und uns stattdessen als unberechenbare, spielerische, störungsanfällige und störende Wesen neu erfinden."* (KUCKLICK, 2014, S. 15) Wir alle werden also auf der Hut sein (müssen).

Zur Problematik, wie das Intendierte in den Prozess des Bildungserwerbs zu integrieren ist bzw. in diesem Prozess verankert ist, sollen einfach ein paar Gedankensplitter genügen, die vielleicht Anregungen zum Weiterdenken liefern.

Die Felder, in denen Jugendliche – im wahrsten Sinne des Wortes – „heranreifen" dürfen, werden zunehmend zubeto-

niert. Das „Fußballfeld" am Schulstandort wirkt dieser Ein-
engung entgegen, nicht aber ohne von den Beteiligten ein-
zufordern, dass sie für diesen Widerstand mit verantwortlich
sind. Es soll bewusst gemacht werden, dass das Mittelmaß
nicht zum Maßstab erhoben ist, sondern das Bemühen, an
die eigenen Grenzen, Leistungsgrenzen, zu gehen. Wenn der
Bildungssektor ein solches Feld ermöglicht, hat jeder Lehrer/
jede Lehrerin, hat jeder Schüler/jede Schülerin die Pflicht,
dieses Feld nach bestem Wissen und Gewissen zu beackern.
Ein ehrlich geführter Arbeitsprozess wird zudem Talente der
Jugendlichen zu Tage fördern, die in keinem ursächlichen
Zusammenhang mit dem Unterrichtsfach „Fußball" zu stehen
scheinen. Schon allein deshalb halten wir FB-Lehrer eine allzu
frühe Selektion nicht für sinnvoll, obwohl wir uns der Problematik bewusst sind, dass Schülern und Schülerinnen, die sich
so gar nicht mit den Ausbildungsschwerpunkten identifizieren
können oder wollen, später nur mehr schwer beizukommen
ist.

_ Spätestens an dieser Stelle muss auf **motivationale Aspekte**
verwiesen werden, die die Leistungsbereitschaft wesentlich
beeinflussen, *„leistungsstimulierende Motive und Bedürfnisse"*
(BAUER/ÜEBERLE, 1984, S. 73) der Kinder, vor allem der
Jugendlichen, orientieren sich zudem an der Peergroup. Ein
hoch gestecktes Ziel ist erreicht, wenn Schüler/Schülerinnen
intrinsisch motiviert agieren.

_ Die Leistungsbeurteilung reiht sich in den Katalog von Problemfeldern ein, an die mit besonderer Sorgfalt herangegan-

gen werden muss. Auf Basis der von GÜNZEL zur Diskussion gestellten Parameter –

> *„1. Die erzielten Leistungen als Resultate von Leistungsprozessen.*
> 2. *Die Leistungsfähigkeit, häufig auf das Merkmal der psychischen und physischen Konstitution reduziert.*
> 3. *Der Leistungswille bzw. die Leistungsbereitschaft*
> 4. *Das charakterliche, soziale bzw. sportmoralische Verhalten.* (GÜNZEL, 1985, S. 87) –,

vor allem aber aus Ableitungen der im Lehrplan verankerten Kompetenzen erfolgt die Beurteilung der Leistung im Unterrichtsfach „Fußball" (7.–12. Schulstufe) am Schulstandort nach folgenden Kriterien:

_ Leistungsfähigkeit/erzielte Leistungen (Technik)
_ Leistungsfähigkeit/erzielte Leistungen (Taktik)
_ Vereinszugehörigkeit
_ Schulwettkämpfe
_ Außerordentliche Leistungen
_ Methodenkompetenz
_ Sozialkompetenz (Aufgaben, Pünktlichkeit, Kommunikation, Verantwortung, Rolle)
_ Selbstkompetenz (Leistungsbereitschaft, Anwesenheit, Körpersprache, Vorbereitung, Lernbereitschaft)

Sowohl der **Leistung als Produkt** als auch dem **Leisten als Prozess** (vgl. BALZ/KUHLMANN, 2012, S. 194) versuchen wir so Rechnung zu tragen. Hilfestellungen für eine adäquate Selbsteinschätzung erfolgen beispielsweise im Rahmen schriftlicher Reflexionen der erbrachten Leistung durch die Schüler selbst, die im Anschluss immer von einem Lehrer persönlich kommentiert werden.

Prozessorientiertes Lernen erfolgt z. B. auf Basis selbst definierter Schwächen, die die Schüler/Schülerinnen im Laufe eines bestimmten Zeitraumes ausmerzen wollen; auch diese Entwicklung wird von einem Lehrer beobachtet, begleitet und mit dem Schüler/der Schülerin individuell besprochen.

Am spannendsten verlaufen Entwicklungen von Kindern und Jugendlichen, die sich – meistens intrinsisch motiviert – der Arbeit am „Wollen" ausgeliefert haben. *„Wollen lernen ist wie Sprechen lernen"* (SPITZER, 2012, S. 238) – wenn man sich bewusst macht, was das an Aufwand und Geduld bedeutet, so wird man uns Recht geben, dass Beurteilungen, denen Lehrer in so sensiblen Zusammenhängen grundsätzlich lieber aus dem Weg gehen, einer behutsamen Handhabung bedürfen. Die Diversität von Manifestationen der Kompetenz und Performanz, zu bewerkstelligende Leistungs- und Altersheterogenität, Konventionen am Schulstandort, Befindlichkeiten und Situationen der Schüler/Schülerinnen, ihre berechtigten und unberechtigten Ansprüche, um nur einige Beispiele zu nennen, tun das Übrige, die Leistungsbeurteilung nicht gerade zu erleichtern.

Der Beurteilende agiert in vielen Fällen beinahe schizoid: Als Mensch kann er Zusammenhängen und Umständen durchaus nachsichtig und verständnisvoll gegenüberstehen, als Lehrer kämpft er (– trotz ehrlichen Einsatzes und Bemühens –) mit Enttäuschungen über das sich zeigende Ergebnis und als

Beamter hat er Gesetzen Folge zu leisten – ein sehr persönliches Spannungsfeld!

SCHNITZLERs Paracelsus kommt einem da unweigerlich in den Sinn: *„Wir wissen nichts von andern, nichts von uns; Wir spielen immer, wer es weiß, ist klug."* (SCHNITZLER, 2000, S. 257)

Auch wenn unsere Ausbildungsphilosophie einen gewissen Synkretismus spiegelt, hat hoffentlich das, was wir von unseren Schülern und Schülerinnen verlangen, doch „Hand und Fuß". In den Händen – sie dienen uns als Symbol – sind jene Anforderungen zusammengefasst, die an die Burschen und Mädchen des FB-Zweigs gestellt werden:

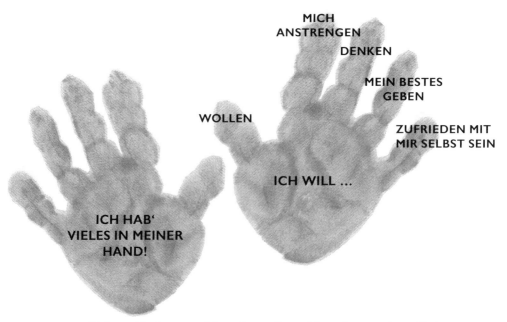

Haben die jungen Menschen diese Metapher verinnerlicht, dürfen wir sie getrost ins Leben entlassen.

Nicht nur als Lehrer gefordert – ein (sehr persönliches) Nachwort

Als die Theologin Dorothee Sölle einmal gefragt wurde, wie sie denn einem Kind erklären würde, was Glück sei, antwortete sie, sie würde ihm einfach einen Ball zuwerfen, damit es spiele (vgl. GALEANO, 1998, S.263).

Spielende Kinder zu beobachten, erfüllt mich jedes Mal mit Freude, vielleicht auch deshalb, weil ich selbst dabei zurückgestoßen werde auf eine Empfindung, die ich aus meiner Kindheit kenne und die mir im hektischen Alltag einfach gut tut: Spiel bedeutet Entschleunigung!

Warum tun gerade wir Lehrer uns so schwer, diese Balance zwischen den Ansprüchen des Homo faber und jenen des Homo ludens zu finden? Erstickt das Bemühen um diese Balance nicht im ständigen Vergleich mit anderen, mit anderem? Genügt es nicht, so gut wie möglich sein zu wollen?

Spannungsvermeidung kann wohl nicht gemeint sein, denn der *„Mensch braucht .. Spannung, und am meisten braucht er, am zuträglichsten ist ihm jene Spannung, die sich etabliert im polaren Kraftfeld zwischen einem Menschen auf der einen Seite und, auf der anderen Seite einem Ziel, das er sich setzt, einer Aufgabe, die er sich wählt"* (FRANKL, 2006, o. S.), denn *„wenn es etwas gibt, das dem Menschen über Schwierigkeiten hinwegzuhelfen vermöchte, dann ist es das Wissen um so etwas wie einen Sinn, der sozusagen darauf wartet, dass man ihn auch erfüllt."* (FRANKL, 2006, o. S.)

Da wäre sie, die Frage nach dem Sinn, die sich so gar nicht aus dem pädagogischen Arbeitsfeld vertreiben lässt. Es geht nach FRANKL um „Selbst-Transzendenz", die bedeute, *„daß der Mensch um so menschlicher ist – daß er um so mehr er selbst ist, als er sich selbst übersieht und vergißt, sei es in der Hingabe an eine Aufgabe, an eine Sache oder an einen Partner"* (FRANKL, 1996, S. 87).

Das gilt sicher auch für Lernprozesse. Für den Schüler, für die Schülerin ist also hinsichtlich eines gelingenden Lernens essentiell, *„für das Lernen und die damit verbundenen Anstrengungen hier und heute Sinn zu sehen, Sinn zu konstituieren, Sinn vermittelt zu bekommen"* (BÖNSCH, zitiert nach: JÜRGENS, 2003, S. 24).

Glücklicherweise habe ich den außergewöhnlichen Menschen um mich herum sehr wohl zugehört. Sie haben mir letztlich die richtige Richtung gewiesen.
(CRUYFF, 2016, S. 313)

Egal, was ich bis jetzt – neben meiner alltäglichen Unterrichtsarbeit – pädagogisch anpacken und auch realisieren durfte (ich denke an die aufreibende, aber erfüllende Arbeit im Schulfußball, an das wertgeschätzte Projekt „Groß lehrt klein", das ich über Jahre hinweg gemeinsam mit Dr. Martina König und Sportlehrer Roman Steurer begleiten durfte, sowie an die suchtpräventive Arbeit an meiner Stammschule, …), ich will Toni INNAUER unbedingt Recht geben, wenn er behauptet, er müsse wirklich hart an seinem Denken und Tun arbeiten (vgl. INNAUER, 2017/2018, S. 21), und Platon zitiert: *„Sobald man sich mit den Jugendlichen zusammensetzt und ihnen nach dem Mund redet, ist die Gesellschaft auch nicht* *mehr in Ordnung, weil wir Erwachsenen doch mehr Erfahrung haben."* (ebd., S. 21)

Jugendliche zu fragen, wohin der Weg der Ausbildung gehen solle, würde sie in den meisten Fällen überfordern. Die Fragen sind vielmehr in einem operationalen Vorgehen an uns Ausbildende zu richten:

Welche Anreize und Anregungen müssen gesetzt, welche Aussichten müssen eröffnet, die Realisierung welcher Ansprüche muss ausgelagert , welche Notwendigkeiten müssen delegiert, welche Auflagen müssen mit anderen Einrichtungen akkordiert werden, damit die **Multiplikation** ihrer Effekte ein am Optimum ausgerichtetes Lernen möglich macht und nach etwaiger **Division** die umfassend angestrebte ganzheitliche Ausbildung nicht be- oder verhindert wird?

Welche Projekte müssen realisiert, welche Innovationen müssen gesetzt und welche Grundvoraussetzungen müssen geschaffen werden, damit ihre **Addition** die bestmögliche Ausbildung gewährleisten kann?

Von welchen Vorstellungen müssen wir uns trennen, welche Altlasten müssen wir abstoßen und welche Hemmnisse müssen aus dem Weg geräumt werden, damit nach ihrer **Subtraktion** ideale Ausbildungsarbeit garantiert werden kann?

Gute pädagogische Arbeit ist nach unserer Meinung auch daran ersichtlich, dass ein Schüler/eine Schülerin erkennt, dass der eingeschlagene Weg nicht zum Ziel oder in die falsche Richtung führt. Schon auch wird diese Erkenntnis und der daraus sich ergebende Frust quittiert mit Respektlosigkeit (als könnten wir Lehrer etwas dafür, dass das Talent vielleicht nicht ausreicht oder der Einsatz (außerschulisch) keinen Erfolg zeitigt), zur Schau getragener Lethargie (als hülfe die aus dem Schlamassel), provokanter Absenz (als könne man vor einem Problem so leicht davonlaufen). Viel öfter aber – Gott sei Dank! – haben wir uns als Lehrer nach und nach entbehrlich gemacht: Schüler/Schülerinnen verfolgen ihre Ziele selbstständig, streben nach ihren Visionen, verwirklichen ihre Wünsche, beschreiten ihren Weg, und das durchaus in Dankbarkeit und Demut.

Der Lehrer bleibt in beiden Szenarien zurück. Im besten Fall erreicht ihn vielleicht – nach Jahren, nach Jahrzehnten – ein Brief, wie ihn CAMUS 1957 an Monsieur Germain, seinen Lehrer, nach dem Erhalt des Nobelpreises für Literatur, gerichtet hat:

„Ich habe den Lärm sich etwas legen lassen, der in diesen Tagen um mich war, ehe ich mich ganz herzlich an Sie wende. Man hat mir eine viel zu große Ehre erwiesen, die ich weder erstrebt noch erbeten habe. Doch als ich die Nachricht erhielt, galt mein erster Gedanke, nach meiner Mutter, Ihnen. Ohne Sie, ohne Ihre liebevolle Hand, die Sie dem armen kleinen Kind, das ich war, gereicht haben, ohne Ihre Unterweisung und Ihr Beispiel wäre nichts von alldem geschehen. Ich mache um diese Art Ehrung nicht viel Aufhebens. Aber diese ist zumindest eine Gelegenheit, Ihnen zu sagen, was Sie für mich waren und noch immer sind, und um Ihnen zu versichern, dass Ihre Mühen, die Arbeit und die Großherzigkeit, die Sie eingesetzt haben, immer lebendig sind bei einem Ihrer kleinen Zöglinge, der trotz seines Alters nicht aufgehört hat, Ihr dankbarer Schüler zu sein. Ich umarme Sie von ganzem Herzen." (CAMUS, 2018, S. 282)

Und bleibt einem als Lehrer – aus welchen Gründen auch immer – eine solche Anerkennung versagt, so erfüllt noch immer die Genugtuung, nach bestem Wissen und Gewissen für das Wohl des Kindes gehandelt zu haben.

Mein Beitrag zu diesem Buch beruht auch auf dem Einfluss vieler Menschen, die ich sehr schätze, die mich unterstützt haben, die mich begleiten. Ich danke meiner Familie, meinen Lehrern, Ratgebern und Freunden, Dir. Claudia LIEBL und meinen Fachkollegen am BRG Bad Vöslau-Gainfarn sowie meinen sportlichen Wegbegleitern Mario AUER, Josef BRAUN-STORFER, Heinz GRIESMAYER, Walter HEITZMANN, Josef KIRNBAUER, Karl KURZ, Erich MAYRHOFER, Reinhold NITZ-LADER, Michael OBERGER, Herbert OFENBACH, Gerhard RIECK, Wolfgang RÜCKER, Harald SCHIELER, Franz SCHLÖ-GEL, Rainer SPENGER, Roman STEURER, Heinz TANZLER, Erich TRIMMEL, Manfred WEICHART, Walter WENINGER.

WEBER Harald (geb. 1963)

1969–1973	VS Wiesmath
1973–1981	Gymnasium der Redemptoristen Katzelsdorf
1981–1988	Lehramtsstudium (Deutsche Philologie, Leibeserziehung) an der Universität Wien
1989	Präsenzdienst beim Österreichischen Bundesheer
1989–dato	Lehrtätigkeit am BG/BRG Neunkirchen
2012–dato	Lehrtätigkeit am BRG Bad Vöslau-Gainfarn
1985	Trainerlehrgang des Landesverbandes NÖFV
1986	1./2. Semester der Staatlichen Fußballtrainer-Ausbildung
1988	3./4. Semester der Staatlichen Fußballtrainer-Ausbildung
1991	ÖFB-Tormanntrainerausbildung
2003	Fußballinstruktorenausbildung (Kinder- und Jugendfußball)
2014	Grundkurs für Tormanntrainer WFV

Literatur

ANDRECS, Hermann: „Immer schneller, immer höher, immer stärker". Versuch einer Deutung des Strebens nach sportlicher Höchstleistung. Festansprache zum 25jährigen Bestehen des Schigymnasiums Stams. In: BAUMGARTNER, Volker/RIEDMANN, Oskar (Hrsg.): 25 Jahre Internatsschule für Schisportler Stams. Festschrift. Innsbruck 1993, S. 17–27

ANGERER, Günther R.: Wege zur Suchtvorbeugung. Ein Leitfaden und Begleiter für Eltern, Lehrer und für unsere Jugend. Graz, o. J.

BALZ, Eckart/KUHLMANN, Detlef: Sportpädagogik. Ein Lehrbuch in 14 Lektionen. 4. Aufl., Aachen 2012 (= Sportwissenschaft studieren, Bd. 1)

BAUER, Gerhard/UEBERLE, Heiner: fußball. Faktoren der Leistung, Spieler- und Mannschaftsführung. München – Wien – Zürich 1984 (= blv sportwissen, Bd. 409)

BAYER, Norbert: Keine Wiederholung der Verbandswettkämpfe. In: ANDRECS, Hermann/REDL, Sepp (Hrsg.): Leibeserziehung Enquete '85 zur Situation der Leibesübungen in den Schulen Österreichs. Ergebnisbericht. Wien 1985 (= Theorie und Praxis der Leibesübungen, Bd. 53), S. 115–126

BECK, Frieder: Sport macht schlau. Mit Hirnforschung zu geistigen und sportlichen Höchstleistungen. Berlin 2014

BIALONCZYK, Emanuel: Ein grundsätzliches Ja zur Durchführung von Schulwettkämpfen. In: ANDRECS, Hermann/REDL, Sepp (Hrsg.): Leibeserziehung Enquete '85 zur Situation der Leibesübungen in den Schulen Österreichs. Ergebnisbericht. Wien 1985 (= Theorie und Praxis der Leibesübungen, Bd. 53), S. 106–114

BIERMANN, Christoph/FUCHS, Ulrich: Der Ball ist rund, damit das Spiel die Richtung ändern kann. Wie moderner Fußball funktioniert. 2., überarb. und erw. Aufl., Köln 2002

BREITENSTEIN, Rolf: Die menschliche Revolution. Ein europäischer Weg ins dritte Jahrtausend. Rastatt 1988 (= Moewig, Bd. 3336)

BRÄUTIGAM, Michael: Sportdidaktik. Ein Lehrbuch in 12 Lektionen. 4. Aufl., Aachen 2011 (= Sportwissenschaft studieren, Bd. 3)

BREUTIGAM, Martin: Todesküsse am Brett. 140 Rätsel und Geschichten der Schachgenies von heute. 2. Aufl., Göttingen 2013

BUEB, Bernhard: Lob der Disziplin. Eine Streitschrift. 10. Aufl., Berlin 2007

BUSCHMANN, Rafael/WULZINGER, Michael: Football Leaks. Die schmutzigen Geschäfte im Profifußball. 6. Aufl., München 2017

CAMUS, Albert: Der erste Mensch. 20. Aufl., Reinbek bei Hamburg 2018 (= rororo, Bd. 13273)

CANETTI, Elias: Die gerettete Zunge. Geschichte einer Jugend. München 1977/1985

CAYSA, Volker (Hrsg.): Sport ist Mord. Texte zur Abwehr körperlicher Betätigung. Leipzig 1996 (= Reclam Bibliothek, Bd. 1556)

CRUYFF, Johan: Mein Spiel. München 2016

CURI, Martin: Brasilien. Land des Fußballs. Göttingen 2013

ECO, Umberto: Die Suche nach der vollkommenen Sprache. München 1994

FETZ, Friedrich: Allgemeine Methodik der Leibesübungen. 9., überarb. Aufl., Wien 1988 (= Theorie und Praxis der Leibesübungen, Bd. 21)

FRANKL, Viktor E.: Bergerlebnis und Sinnerfahrung. 5. Aufl., Innsbruck 2006

FRANKL, Viktor E.: Der Mensch vor der Frage nach dem Sinn. 8. Aufl., München 1996 (= Serie Piper, Bd. 289)

FRANTA, Walter: VCK 33. Visualisieren.Coachen.Kontrollieren. Ein österreichischer Weg zum aktiv-offensiven Torwart. Möllersdorf 2014

GALEANO, Eduardo: Der Ball ist rund und Tore lauern überall. 2. Aufl., Wuppertal 1998

GEBAUER, Gunter: Das Leben in 90 Minuten. Eine Philosophie des Fußballs. München 2016

GÜNZEL, Werner: Aspekte der sportlichen Leistung und Leistungsbeurteilung. In: GÜNZEL, Werner (Hrsg.): Taschenbuch des Sportunterrichts. Beiträge zur Theorie und Praxis. 3., neubearb. Aufl., Baltmannsweiler 1985, Bd. 1, S. 78–99

GÜNZEL, Werner/ROSENBAUM, Dieter: Das Fußballspiel in der Schule. In: GÜNZEL, Werner (Hrsg.): Taschenbuch des Sportunterrichts. Beiträge zur Theorie und Praxis. 3., neubearb. Aufl., Baltmannsweiler 1985, Bd. 2, S. 568–594

HAHN, Erwin: kindertraining. Probleme, Trainingstheorie und Praxis. München – Wien – Zürich 1982(= blv sportwissen, Bd. 405)

HAUSMANN, Manfred: Spiegel des Lebens. Gedanken über das Fußballspiel. Zürich 1966

HENSELING, Marco/MARIC, Rene: Fußball durch Fußball. Das Trainerhandbuch von Spielverlagerung.de. 2., durchges. Aufl., Göttingen 2016

HENTIG, Hartmut von: Ach, die Werte! Ein öffentliches Bewußtsein von zwiespältigen Aufgaben. Über eine Erziehung für das 21. Jahrhundert. München – Wien 1999

HÜTHER, Gerald/QUARCH, Christoph: Rettet das Spiel! Weil Leben mehr als Funktionieren ist. München 2018 (= btb 71637)

HUIZINGA, Johan: Homo Ludens. Vom Ursprung der Kultur im Spiel. 25. Aufl., Reinbek bei Hamburg 2017 (= rowohlts enzyklopädie 55435)

HYBALLA, Peter/te POEL, Hans-Dieter: Modernes Passspiel. Der Schlüssel zum HIGH-SPEED-FUSSBALL. Aachen 2014

HYBALLA, Peter/te POEL, Hans-Dieter: Mythos niederländischer Nachwuchsfußball. Spiel- und Ausbildungsphilosophie – Coaching – Taktik – Technik. 2., überarb. Aufl., Aachen 2013

HYBALLA, Peter/te POEL, Hans-Dieter/SCHULZE-MARMELING, Dietrich: „Trainer, wann spielen wir?" Spielformen für den Fußball von heute und morgen. Göttingen 2018

INNAUER, Toni: Am Denken und Tun arbeiten. In: Schaufenster. Kultur. Region. St. Pölten, Dezember 2017/Jänner 2018, S. 20–21

JÜRGENS, Eiko: Schüleraktive Unterrichtsformen. Modelle und Praxisbeispiele für erfolgreiches Lehren und Lernen. München 2003 (=Schulmanagement-Handbuch, Bd.108)

KUCKLICK, Christoph: Die granulare Gesellschaft. Wie das Digitale unsere Wirklichkeit auflöst. Berlin 2014

LIESSMANN, Konrad Paul: Treten können, kulturlos. Über die Literaturunfähigkeit des runden Leders. In: HORAK, Roman/REITER, Wolfgang (Hrsg.): Die Kanten des runden Leders. Beiträge zur europäischen Fußballkultur. Wien 1991, S. 263–274

LIESSMANN, Konrad Paul: Geisterstunde. Die Praxis der Unbildung. Eine Streitschrift. Wien 2014

MENZER, Klaus-Dieter: Fußball – eine populäre Sportart. Düsseldorf 1983 (= Thema: Sport. Formen und Probleme des Sports in unserer Welt, Bd. 6)

MORRIS, Desmond: Das Spiel. Faszination und Ritual des Fußballs. München – Zürich 1981

NIEHAUS, Lars: Das Unbehagen am Verein. Ein Versuch über den Fan. In: HÜTIG, Andreas/MARX, Johannes (Hrsg.): Abseits denken. Fußball in Kultur, Philosophie und Wissenschaft. Kassel 2004, S. 38–44

NOWOTNY, Ernst: Psychologie. Einführung, Übersicht, Arbeitsvorschläge. Wien 1979

ÖSTERREICHISCHER FUSSBALL-BUND (Hrsg.): Der österreichische Weg – Challenge 2012. Wien o. J.

POSTMAN, Neil: Wir amüsieren uns zu Tode. Urteilsbildung im Zeitalter der Unterhaltungsindustrie. 16. Aufl., Frankfurt am Main 2003 (= Fischer Taschenbuch 4285)

SCHILLER, Friedrich: Über die ästhetische Erziehung des Menschen in einer Reihe von Briefen. In: Schillers Werke in zwei Bänden. Sonderausgabe der Droemerschen Verlagsanstalt Th. Knaur Nachf. München/Zürich für Europäischen Buchklub Salzburg, o. J., Bd. 2, S. 563–641

SCHNITZLER, Arthur: Paracelsus. In: ARNOLD, Heinz Ludwig (Hrsg.): Arthur Schnitzler. Reigen. Die Einakter. Frankfurt am Main 2000, S. 219–258

SCHULZ von THUN, Friedemann: Miteinander reden 1. Störungen und Klärungen. Allgemeine Psychologie der Kommunikation. Sonderausgabe, Reinbek bei Hamburg 2006 (= rororo, Nr. 62224)

SCHULZE-MARMELING, Dietrich: Der König und sein Spiel. Johan Cruyff und der Weltfußball. Göttingen 2012

SPITZER, Manfred: Digitale Demenz. Wie wir uns und unsere Kinder um den Verstand bringen. München 2012

STIFTER, Adalbert: Der Nachsommer. 4. Aufl., München 1981 (= dtv 2018; vollst. Ausgabe nach dem Text der Erstausgabe von 1857)

THÖMMES, Frank: Fußball Training für jeden Tag. Die 365 besten Übungen. 4., erw. Neuaufl., München 2012

TITZ, Christian/DOOLEY, Thomas: Fußball – Dribbeln und Finten. Aachen 2010

TORBERG, Friedrich: Die Mannschaft. Wien 2004 (Leicht gekürzte Neuausgabe der Originalfassung aus dem Jahr 1935)

TORBERG, Friedrich: Wien oder Der Unterschied. Ein Lesebuch. München 1998

TWOREK, Elisabeth/OTT, Michael: SportsGeist. Dichter in Bewegung. Zürich – Hamburg 2006

UHLIG, Johannes: Kindertraining neu gedacht. Moderne Ideen für Koordination und Technik. Kinderfußball – Schwerpunkt U9 bis U12. Purkersdorf 2016

VALDANO, Jorge: über Fußball. München 2006

VOGLSINGER, Dominik: Der Weg zum Fußballfundament. Anregungen für Training und Spiel. Wien 2018

VOGLSINGER, Dominik/MANGOLD, Thomas: Der Weg zum richtigen Start. Fußballtraining für Trainerneulinge und Interessierte. Wien 2016

WEISZ, Otmar: Sport und Gesellschaft. Eine sozialpsychologische Perspektive. Wien 1990 (= Theorie und Praxis der Leibesübungen, Bd. 68)

Internetquellen

URL: https://www.badvoeslau.at/de/rathaus/statistik/, abgerufen am 26. 9. 2019

URL: https://www.ris.bka.gv.at/GeltendeFassung.wxe?Abfrage=Bundesnormen& Gesetzesnummer=10009265, abgerufen am 26. 9. 2019

VIELEN LIEBEN DANK!!!

Ohne die große Unterstützung vieler würde es dieses Buch nicht geben! Ich danke:

_ Mag. Harald Weber für das Lektorat und seinen unermüdlichen Einsatz, dieses Buch entstehen zu lassen; er ist für mich persönlich ein großes Vorbild in allen Bereichen,
_ Eva Denk, die zum wiederholten Male das Unmögliche möglich gemacht und es geschafft hat, in so kurzer Zeit das Layout und das Cover so toll zu gestalten,
_ Dir. Mag.ᵃ Claudia Liebl für die langjährige Unterstützung unserer Fußballabteilung am BRG Bad Vöslau-Gainfarn,
_ Dipl. Päd. Bettina Bernhardt, der guten Seele des Fußballzweiges, die umsichtig über uns wacht,
_ meinen Mitautoren und langjährigen Freunden, die Fußball im Sinne des vorliegenden Buches in der Praxis leben,
_ Norbert Elgert für das nette Vorwort und die spannenden Gespräche
_ und nicht zuletzt allen Menschen, die mich immer unterstützt haben und in schweren Zeiten für mich da waren.

Dominik Voglsinger

Dominik Voglsinger &
Thomas Mangold

Der Weg zum richtigen Start
Ball + Instinkt + Verstand = Fußballtraining

Die Autoren stellen in diesem Buch die Grundlagen des Fuß-
balltrainings vor. Es geht um technische, koordinative und
taktische Fertigkeiten, aber auch um die sozialen und mentalen Fähigkeiten von Trainern und Spielern.

Dieses Buch ist für Trainer aller Altersklassen geeignet
und soll sie dabei unterstützen, sich selbst und ihre Spieler auf
das nächste Level zu heben.

Inklusive Videos zu allen Übungen!

Erhältlich als
_ Paperback (ISBN 978-1522946861) und
_ Kindle Edition

Dominik Voglsinger &
Gastautoren

Der Weg zum Fußballfundament
Anregungen für Training & Spiel

Als Trainer bist du der Architekt deines Teams und damit auch der Architekt deines Erfolges. Baustein um Baustein muss zusammengefügt werden. Es gibt im Fußball viele verschiedene Komponenten, die zum Erfolg führen.

In diesem Buch sehen wir uns 14 Erfolgsbausteine genauer an und gehen u.a. auf interessante Themen wie Kreativität, Handlungsschelligkeit, Passspiel und Coaching ein.

Erhältlich als
_ Paperback (ISBN 978-1731318558) und
_ Kindle Edition

Dominik Voglsinger &
Thomas Mangold

Der Fußballkompass
Checklisten für Training & Spiel

Dieses Buch ist gleichermaßen für Eltern, Spieler, Trainer, Funktionäre und Berater geeignet. Es besteht aus 11 Checklisten:

_ Coaching im Training

_ Coaching im Spiel

_ Wettkampfvorbereitung

_ Vereinsbewertung

_ Einzeltraining

_ Spielbeobachtung

_ Spielerberatung

_ und viele mehr ...

Erhältlich als

_ Paperback (ISBN 978-1086141900) und

_ Kindle Edition

Printed in Poland
by Amazon Fulfillment
Poland Sp. z o.o., Wrocław

52520250R00128